청년,
루크레티우스를
만나다

청년, 루크레티우스를 만나다:
원자론에서 배우는 두려움으로부터의 해방

발행일
초판 1쇄
2023년 6월 30일

지은이
성민호

펴낸이
김현경

펴낸곳
북드라망
주소. 서울시 종로구 사직로8길 24 1221호(내수동, 경희궁의아침 2단지)
전화. 02-739-9918
팩스. 070-4850-8883
이메일. bookdramang@gmail.com

ISBN
979-11-92128-35-1 03110

책으로 여는 지혜의 인드라망, 북드라망
bookdramang.com

청년, 루크레티우스를 만나다

L U C R E T I U S

원자론에서 배우는 두려움으로부터의 해방

성민호 지음

티
BookDramang
북드라망

차례

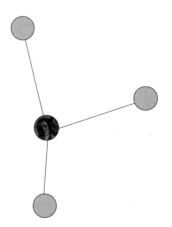

머리말

모든 존재가 그렇듯, 이 책은 만남의 산물이다. 예상하지 못했던 만남들이 모이고 섞여서 책이라는 꼴을 갖췄다. 그 중심에는 이천 년 전 로마의 한 무명 시인과의 만남이 자리잡고 있지만, 그 만남 자체를 가능하게 한 헤아릴 수 없는 만남들이 상하좌우로 쭉쭉 뻗어 있다. 처음 루크레티우스라는 낯선 이름을 들었던 때부터 한 자 한 자 글을 써 내려갈 때까지, 단 한순간도 다른 이들의 손길, 목소리, 글귀와의 마주침이 멈췄던 적이 없다. 돌아볼수록 신기하고 얼떨떨하고 감사한 일이다. 만남들 속에서 태어난 책이니 부디 어딘가에서 또 다른 만남들을 열어 주기를 마음 깊이 바라 본다.

되짚어 보면 나는 루크레티우스를 세 번 만났다. 첫 만남은 원자론을 주제로 한 단출한 세미나에서였다. 그때 『사물의 본성에 관하여』를 처음 읽었고, 관심이 다른 곳에 가 있던 나는 고대원자론의 특징들을 요약하기에 바빴다. 루크레티우스는 그저 조금 '문학적인 원자론자'로 기억되었을 뿐이다.

두번째 만남은 본격적으로 글을 쓰기 시작하면서 이루어졌다. 2021년 한 해 동안 나는 규문 홈페이지에 《청년, 루크레티우스를 만나다》라는 제목의 글을 연재했다. 피부 트러블부터 연애, 돈, 믿음, 죽음까지 나 자신의 솔직한 고민들을 루크레티우스의 사유를 빌려 풀어 가는 콘셉트였다. 요령도 없고 재주도 없었기에 한 편 한 편 끙끙대고 헤매며 썼다. 그때 루크레티우스는 '철학자 선생님'이었다. 나는 그의 도움으로 내 문제들을 뚫고 가야 했다.

세번째 만남 역시 글쓰기를 통해 이루어졌는데, 이번에는 나보다는 루크레티우스라는 인간에 초점이 맞춰졌다. 과연 그는 누구였고, 그가 거닐었을 도시는 어떠했을까? 루크레티우스에 대한 신상정보는 남아 있지 않기에, 이런 질문들에 답하기 위해서는 그 시대의 역사와 철학의 흐름을 살펴보지 않을 수 없었다. 이 작업은 상당한 인내와 애정을 필요로 했는데, 신기하게도 공부를 하고 알아 갈수록 애정도 생겨났다. 그러자 루크레티우스가 품었을 고민들과 철학 시를 써내는 일에 담긴 일종의 자비심이 보이기 시작했다. 비로소 루크레티우스가 '든든한 친구'로 느껴졌다.

루크레티우스는 두려움에서 벗어나는 길을 보여 주었다. 우리는 지금도 신, 죽음, 전염병, 자연재해, 돈, 권력 앞에서 벌벌 떨고 있지만, 그 두려움을 떠받치고 조장하는 것은 상식으로 굳어진 표상들과 거짓된 환상들이다. 물론 단번에 두려움에서 해방되는 일은 없다. 단지 켜켜이 쌓인 그 미신들과 싸우고 표상들을 털어 내는 만큼 우리는 저 신의 평정과 기쁨을 발명할 수 있을 뿐이다. 루크레티우스는 원자론이 그 작업에서 귀중한 도구임을 말해 준다. 그런 점에서『사물의 본성에 관하여』는 내게 일종의 병법서이자 의학서로 읽혔다.

그렇다면 이 오래된 시집과 동고동락하는 동안 나는 두려움에서 벗어났을까? 음… 조금은 그런 것도 같다. 약간 가벼워지고 약간 건강해졌음을 책을 다 쓰고 나서야 느낀다. 그 증거는, 나도 모르게 튀어나왔던 대답 'Yes'에 있었다. 북드라망에 원고를 넘기고, 이후로도 책을 계속 써 달라는 말씀에 나는 무심코 그렇게 하겠다고 답했다. 즉 글을 쓰고 고쳐서 책을 내는 이 모든 여정을 '다시 한번' 겪을 수 있겠냐는 물음에 대해 '그러겠다'고 답한 셈인데, 나로서는 예상치 못한 것이었다. 드디어 고생길이 끝났다고 안도하고 있었는데 다시 하겠다니. 하지만 저 대답은 실수가 아니었다. 진심이었다.

긴 호흡으로 글을 쓰는 일은 솔직히 만만치 않았다. 도통 뭘 쉽게 해내지 못하는 성격 때문인지, 한 꼭지 한 꼭지 쓸 때마다 미궁을 헤맸다. 매번 새로운 벽이었다. 포기를 작정했던 적도 많았지만, 내 입으로 했던 약속이 걸렸고, 아무리 둘러봐도 응원해 주지 않는 사람이 없었다. 그래서 다시 앉았다. 감사한 인연들 덕분에 계속 갔다. 그러다 보니 도착을 했다.

하지만 글쓰기는 쉬워지지 않았다! 여전히 문장은 뻣뻣하고 생각은 턱턱 막힌다. 우두커니 앉아서 '아래아 한글'의 깜빡이는 커서를 노려보는 시간도 줄지 않았다. 아, 글은 대체 어떻게 쓰는 걸까? 하는 물음을 또 또 또 만난다. 그러나 차이는 있다. 이 상황이 전처럼 갑갑하거나 두렵지는 않다. 헤매는 것은 동일하지만 똑같은 자리는 아니다. 역시 미궁이지만 다른 모퉁이다. 헤맸기에 여기까지 이른 것이고 헤매는 만큼 다른 자리에 이를 것이다. 벽에 부딪힌다는 건 언제나 샛길을 개척할 기회라는 걸 조금 알 것 같다. 글이 술술 써진다는 건 어쩌면 순진한 환상일 것이다. 막힘과 엉킴을 주지 않는 경험은 나를 다른 자리로 데려갈 수 없음을 알게 된 이상, 글쓰기를 두려워할 이유가 없어졌다. 글쓰기는 원래 어렵고, 그 어려움은 변화가 시작됨을 알리는 소리이기 때문이다. 그래서 어차피 헤맬 거 이왕이면 쓰는 동안 (인상을 펴고^^) 더 웃기로 했다. 그리고 또 한 가지. 루크레티우스의 글쓰기를 따라해 보기로 했다. 문체나 논리가 아니라 진심을, 함께 살아가는 이들의 아픔과 방황에 대한 진중한 고민과 말 건네기로서의 쓰기를 따라해 보기로 했다.

*

이 책은 세 개의 챕터와 (조금 긴) 에필로그로 되어 있다. 루크레티우스와의 다채로운 만남을 싹이 나고, 잎이 자라고, 열매가 열리고, 씨앗을 남기는 사계절로 나누어서 각 부마다 봄 여름 가을 겨울이라는 이름을 붙였다.

1부 '봄'에서는 만남이 시작된다. 평범한 환경공학도였던 내가 어쩌다가 루크레티우스에게까지 이르렀는지가 소개되고, 반대로 루크레티우스는 누구이며 그의 시집 『사물의 본성에 관하여』는 어떤 철학들을 담고 있는지가 소개된다.

2부 '여름'에서는 루크레티우스의 원자론으로 한 발짝 들어간다. 고대의 자연학은 근대과학과는 달리 윤리와 직결되어 있었다. '쪼갤 수 없음', '허공', '최소-단위', '무게', '클리나멘' 등 원자론의 세밀한 개념들은 각각 중대한 윤리적 요청을 담고 있다. 가장 작은 것 속에 '세상을 어떻게 보고자 하는가' 하는 의지가 새겨져 들어가 있는 것이다.

3부 '가을'에서는 만남에서 무르익은 나의 이야기들이 등장한다. '신앙', '사랑', '돈', '우정'에 대한 나의 아주 사적인 고민들이 퇴비를 먹고 바람을 맞아 또 다른 모양으로 자라났다. 우툴두툴 모났더라도 손에 잡을 수 있는 귀중한 수확들이다.

에필로그 '겨울'에서는 더 품고 갈 씨앗이 남겨진다. 루크레티우스가 공들여 이야기했지만 아직 내가 소화하지 못한 '죽음'과 '자아'의 문제가 그것이다. 사실상 모든 철학의 중점이기도 한 두 주제를 씨앗으로 넘겨받았다는 것만으로도 다음 번 봄이 기대가 된다.

*

거듭하지만, 수많은 사람들의 도움 없이는 이 책은 단 한 구절도 쓰일 수 없었다. 우선 규문의 청년들이 꾸준히 글을 쓰고 공부할 수 있도록 '글로벌 펀드*'를 후원해 주신 분들, 따뜻한 말과 댓글로 응원해 주시고 조언해 주신 규문의 선생님들, 서툴고 미숙한 글을 책으로 만들어 주시고 '다음'을 요청해 주신 북드라망의 김현경 선생님께 감사하고 또 감사하다는 말씀을 전하고 싶다. 어느새 5년, 한솥밥을 먹으며 서로에게 대

---

* '글로벌(글로 벌어 산다) 펀드'는 규문의 장학기금이다. 규문에서 공부하면서 일정한 주제로 자신의 글을 쓰는 청년들에게 고료를 지급하는 데 쓰이며, 그밖에도 외국논문 번역이나 카메라로 글을 쓰는 영상작업 등도 지원하고 있다.

체 불가능한 존재가 된 규문의 친구들 건화, 규창, 혜원, 정옥 (마담)샘께 민망함을 견디며 말하고자 한다. 함께 공부할 수 있어서 아주 좋고 고맙습니다! 공부하는 삶을 살도록 이끌어 주신 채운 선생님께 온 마음을 담아 감사함을 전한다. 마지막으로 아버지에게 이 책을 드리며, '얘가 부모복은 없어도 선생님복은 많다'는 생각을 조심히 고쳐 드리고 싶다.

2023년 5월 23일
규문 공부방에서
성민호

일러두기

1 이 책의 『사물의 본성에 관하여』 인용은 한국어 번역본(강대진 옮김, 아카넷, 2011)을 참조했으며, 본문에서는 권수와 행수를 간단히 표기하였습니다. 예컨대 4권 10행을 인용한 경우 문장 뒤에 (4: 10)으로 표기했습니다.

2 위의 책을 제외한 다른 문헌의 인용 시에는 해당 서지가 처음 나오는 곳에 지은이, 서명, 출판사, 출판 연도, 인용 쪽수를 모두 밝혔습니다. 이후 다시 인용할 때는 지은이, 서명, 인용 쪽수만으로 간략히 표시했습니다.

3 단행본·정기간행물의 제목에는 겹낫표(『』)를, 논문·시 등의 제목에는 홑낫표(「」)를, 인터넷상의 연재글에 대해서는 겹화살괄호표(《 》)를, 영화 등에는 홑화살괄호표(〈 〉)를 사용했습니다.

4 인명과 지명 등 외국어 고유명사는 국립국어원의 외래어표기법을 따라 표기했습니다.

1부 봄

루크레티우스를 만나다

1화 뜻밖의 여정, 뜻밖의 만남

소란스러운 아침

시끄러운 알람에 오만상을 찌푸려 잠을 쫓고 나면, 일단 이불 위에 반가부좌를 하고 앉는다. 약 10분간 마음을 가라앉히는 명상을 한다. 자비심에 대해서 생각해 보려는 어설픈 시도가 졸음과 잡념에 묻혀 흔적도 안 남았을 때쯤 시계를 보고 벌떡 일어나 화장실로 간다. 거울 앞에서 푸석한 얼굴을 비춰 보며 한숨을 한번 쉰다. 깡마른 몸을 보고는 팔굽혀펴기라도 할까 생각하지만 못다 한 과제들이 떠올라 그만둔다. 할 일이 많다. 대충 씻고 가방을 싸서 집을 나온다. 걸으면서 호흡을 헤아려 보려 하지만 머릿속은 이미 이런저런 상념과 근심들로 시끄럽다. 만원 버스에 올라 어제 읽다 만 책을 꺼내 본다. 글자는 영 들어오지 않고, 결국 핸드폰을 집어 들고 간밤에 손흥민이 골을 넣었는지 확인한다. 겉으론 매일매일 똑같아 보이는 아침이지만 속은 어쩜 이리 어수선한지.

마음이 소란스러운 것은 어릴 때부터 늘 겪어 온 익숙한 상태다. 그런 점에서 꼬맹이 시절이나 지금이나 별로 달라지지 않았다. 그러나 그 번잡함의 내용은 제법 바뀌었다. 내 고민은 한편으로 무척 평범하다. 이제 그만 피부 트러블이 나아졌으면 좋겠고 살도 좀 붙었으면 좋겠고 답답한 연애도 하고 싶다. 이 모든 게 시원찮으니 대신 글이라도 잘 썼으면! 적고 보니 고민이라기보다는 바람이다. 예뻐지고 싶고 능력 있고 싶은, 아주 보편적인 욕망들. 그것들이 매일같이 꿈틀댄다. 그런데 다른 한편에는 뭔가 특이하고 반反세속적인(?) 바람들도 함께 있다. 외모나 능력 같은 것에 휘둘리지 않는 초연한 경지에 이르고 싶은 마음. 혹은 그런 욕망과 감정의 물결이 일어나는 조건들을 이해해 보고 싶은 마음. 거창하게 말하면, 우리의 집착과 정념의 기원을 알고 싶다! 이런 '선비 같은' 바람들이 구체화되어 불교, 고대철학, 니체, 푸코, 들뢰즈, 『주역』 등 동서고금을 오래도록 그리고 '찐'하게 배우고 싶다는 '발심'發心으로 드러나기도 한다. 나도 그들처럼 자기 자신과 세계를 질문하고 탐구하는 삶을 살고 싶다. 이런 열망은 얼른 더 배워야 한다는 조바심으로 이어지기도 하고, 세미나 과제들을 잘 해

내고 싶다는 허영심으로까지 번진다. 곧바로 또 허영은 안 된다는 경고등이 켜지고, 그렇게 뒤엉킨다.

이처럼 소란스런 아침을 보내게 된 데에는 '규문'이라는 공부공동체에서의 생활이 중요한 요인으로 작용했을 것이다. 272번 버스를 몇 번이나 탔을까. 벌써 5년째, 나는 학교 앞 자취방에서 혜화동의 연구실을 오가고 있다. 연구실에서 나는 친구들과 아침 점심 저녁을 해 먹고, 글도 쓰고 책도 읽고 세미나도 하고 청소도 하고 축구도 하고 뜸도 뜨고 산책도 한다. 이런 생활은 내가 문제를 느끼는 영역과 가치를 따지는 기준을 바꿔 놓았다. 일상 전반이 달라졌으니 당연하다. 내게 의미 있는 것은 이제 더 이상 토익 점수나 프레젠테이션 능력이 아니다. 연봉이 얼만지, 자동차가 있는지, 청약 점수가 몇 점인지 등은 중요하지 않다. 그보다, 책을 꼼꼼하게 읽고 소화하는 능력, 지난번보다 촘촘해진 문제의식, 사람들의 이야기를 잘 듣는 경험이 중요하다. 부엌을 정리하고 척척 반찬을 만드는 일머리가 더 필요하다. 무엇보다도 마음자리 하나 잘 관찰하고 닦는 기술이 핵심이다. '규문'이라는 공간에서 나는 이런 방식으로, 다른 곳이라면 갖지 않았을 가치를 형성해 가고 있다. 그렇게 훈련하고 훈련되고 있다. 그리고 보다시피, 순탄치만은 않다. 아침저녁으로 요란해지는 건 이 때문이다.

그런데 어쩌다가 나는 이런 곳에 얽혀 들어서 해보지 않은 고민들을 품고, 엉뚱한 생활을 하며, 안중에도 없던 요상한 목표들을 갖게 되었을까? 함께 공부하는 선생님들께 종종 왜 공부하게 되었느냐는 질문을 받는다. 어쩔 때는 거창하게 이유를 댄다. "대학 공부에 회의를 느끼고 정말 중요한 가르침을 배우러 왔습니다!" 뻥은 아니지만 그렇다고 사실두 아니다. 훨씬 더 복잡한 동기와 우연과 망설임이 겹겹이 쌓여 있기 때문이다. 그리고 순서를 바꿔야 한다. 엄밀히 말하면 연구실 바닥에 드나들다 보니 신변도 바뀐 것이다. 또 '중요한 가르침'이라고는 했지만, 사실 내겐 돼지 목에 진주처럼 잘 어울리지도 잘 들리지도 않았다.

　　때는 2015년 여름. 스무 살 성민호는 첫 방학으로 시간이 남아돌았고 새로운 인연을 찾고 싶었다. 겨우내 썸(짝사랑)에 허우적거렸고, 봄바람 부는 캠퍼스에서의 사업은 잘 풀리지 않았다. 그런 와중에 뭔가 지적인 활동을 하고 싶었다. 책이라곤 겨우 권장도서 몇 권 읽어 본 게 전부지만 '인문학 공부하는 이과생'이라는 이미지에 대한 환상은 가득했다. 고등학교 때 선생님께 책 읽을 곳을 물었더니 알려 주신 곳이 '규문'이었다. 지금은 사라진 스무 살의 대담함으로 덥석 등록하고 찾아가 봤다. 기대했던 설렘은 조금도 없었지만 환영은 받았기에, 책 읽는 공학도라는 플랜B는 지켜 낼 수 있었다.

불순한 동기에 걸맞게 자세도 엉망이었다. 그래도 결석과 지각을 일삼는 와중에 그럭저럭 다녔다. 별로 공부에 진심도 아니었던 터라, 과제를 엉뚱하게 써 오거나 맥락 없는 말을 해서 혼나는 일 정도는 전혀 타격감도 없었고 자존심이 상하거나 하지도 않았다. 그냥 내가 대단한 책을 읽고 대단한 강의를 듣고 있다는 사실이 만족스러웠을 뿐. 규문 방문은 일주일에 한 번 있는 별난 행사였다. 하지만 아예 관심이 없던 건 아니었던 것 같다. 거의 못 알아들었음에도 불구하고 나름 진지했고, 뭔가를 열심히 노트하고 시간을 들여 책을 읽었다(과제는 좀 빼먹었지만). 꾸중을 들으면서도 어찌어찌 1년을 붙어 있게 되었고, 입대를 앞두고 뭐라도 글을 써 보라는 미션을 받았다. 읽을 책도 한 박스 보내 주셨다. 그 중 두 권 읽었다. 그러면서 참 뻔뻔하게도 '나는 책 읽는 놈이다!'라는, 바보 같지만 결과적으로는 꽤 중요한 생각도 했다. 그렇게 쓴 《난중일기》*는 중2병스런 허세와 자의식이 적나라한 글이었지만, 그걸 쓰겠다고 군대에서 머리를 싸맨 경험은 계속 공부를 해보고 싶

* 규문의 예전 홈페이지에 연재했던 글. 전문을 보시려면 오른쪽 큐알 코드를 찍으세요.

다는 마음으로 이어졌다. 휴가 때 찾아가면 반겨 주셨던 기억도 한몫했다.

전역 후 복학을 앞두고 규문에 더 자주 드나들었다. 마침 공간도 넓어졌고, 밥도 얻어먹을 수 있었고, (당시 내 눈에) 예쁜 누님들과 친근한 형님들도 있었다. 분위기가 막 재밌거나 신나지는 않았지만 서먹해진 학교 동기들보다는 반겨 주는 이곳 사람들이 더 편안했다. 당시 피부가 너무 안 좋아서 사람 만나는 것이 부담되기도 했었다. 또 같은 수업을 듣던 한 선생님으로부터 알바 자리도 얻을 수 있었다. 이런 아주 많은 이유들이 겹쳐 규문에 점점 정착하게 되었다. 물론 외부적인 이유만 있었던 것은 아니다. 돼지 목의 진주들도 조금씩 빛을 발했다. 그 과정이 마냥 기분 좋기만 한 건 아니었다. 오히려 괴로웠다.

규문에서의 공부가 취미 수준을 넘어가면서, 이곳에서 배우는 가치들이 내게 당연했던 가치들과 충돌했다. 아주 많은 부분이 걸렸지만 가장 뚜렷하게 드러난 문제는 대학이었다. 점점 더 학교 졸업과 규문 공부가 양립할 수 없음을 느꼈다. 시간적인 면에서도 양심적인 면에서도 둘 다 가져갈 수는 없었다. 한쪽 귀로 들은 문장들이 좀처럼 다른 쪽 귀로 나가지 않았다. 돈·명성·교양에 대한 추구를 '소지'小知라며 비웃는 장자의 글귀가 왠지 걸렸고, 우선 돈 벌어 출세하겠다는 젊은 제자에게 '철학은 당장 시작해야 하는 것'이라 단언하는 세네카의 일침이 자꾸 따라다녔다. 물론 평상시라면 추상적이거나 현실성 없는 '좋은 말'이라고 치부했을 것이다. 2천 년 전 할아버지들의 충고가 21세기를 사는 내게 무슨 소용이람? 어떻게 온 대학인데, 졸업은 해야지. 암, 먹고살려면 당연하지.

이렇게 말하고 충분히 넘어갈 수 있었을 문제들을 계속해서 '정말 그래?' 하고 되묻게 만든 계기는 이번에도 글쓰기였다. 복학 후의 미션은 대학일기였다. 《슬기로운 복학생활》*은 텍스트를 해석한 것도 개념을 풀어 쓴 것도 아닌 일기에 가까운 연재였지만, 한 편 한 편마다 놀이·연애·여행·밤·주거·전공 등 사소하고 비근한 문제들을 나름 진지하게 돌아보게 되었다. 그 덕에 내가 뭉뚱그려 '대학'이라고 여겨 온 것에 대해 희미하게 가져왔던 의문점들을 더 밀어붙일 수 있었다. 없어선 안 되는 당연한 스펙이자 청춘과 명예와 밥벌이의 다른 이름이라 여겼던 대학에 대해서.

그때는 대학과 규문이라는 두 배움터를 두고 나 자신에게 정말 치열하게 캐물었다. 입시-졸업-취업이라는 정규 코스에 대해 심각하게 고민하기 시작했고, 그것이 내게 어떤 의

---

* 규문의 예전 홈페이지에 연재했던 글. 전문을 보시려면 오른쪽 큐알 코드를 찍으세요.

미인지 묻게 되었다. 그 일은 당시 내게 '먹고산다는 것', '공부한다는 것', '공동체에서 주고받는다는 것', '환경을 위한다는 것'과 같은 총체적이고 막중한 관념들을 되묻고 뒤집어야 하는 문제였다. 방향을 완전히 틀고 많은 것을 고쳐 생각해야 하는 일이었다. 그래서 휴학을 하고 자퇴를 하기까지 꽤 긴 시간이 걸렸고 아주 많은 계기들이 원인이 되었다. 맛있는 밥, 장자 공부와 에세이, 규문 형·누나들의 생활방식, 알바하던 회사 직원들의 지친 표정들, 구제불능의 피부 트러블, 이반 일리치의 책 『누가 나를 쓸모없게 만드는가』, 환경공학에 대한 의문 등. 이런 소란 속에서 계속 학교와 연구실을 오갔다.

　마지막까지 나를 불안하게 했던 문제는 '그럼 어떻게 먹고살 것인가'였다. 다 떠나서, 학교를 그만두면 뭘로 벌어먹고 살 거냐는 질문에 뾰족한 답을 댈 수가 없었다. 사실 이건 지금도 완전히 해결되진 않았다. 다만 차이가 있다면, 그때처럼 머리를 꽁꽁 싸매진 않는다는 것. 아마도 먹고산다는 것에 대한 생각이 조금 달라졌기 때문일 것이다. 당시 나는 밥벌이에 대해 아주 상식적이고 추상적인 이미지 외에는 다른 상상력이 없었다. 월세가 얼마고 식비가 얼마며, 학비와 저축으로 얼마를 마련해야 하는지 등을 고려하고 있자니 멀쩡한 곳에 취직해서 월급을 받는 것이 너무 당연했다. 그러나 자세히 들여다보면 여기에는 혼자 산다는 전제, 혼자 밥을 해결하고 혼자 미래를 준비한다는 전제가 깔려 있었다. 그런데 만약 밥을 함께 해 먹는다면? 함께 생활하고 함께 공부를 하는 과정 자체가 나의 '학습'이자 '활동'으로 이어진다면? 그렇게 된다면 졸업-취직이라는 구도는 딱히 필수적이지 않을 수 있게 된다. 실제로 그렇게 살아가는 청년들이 있는 연구실을 오가는 동안, 내 머릿속의 '먹고산다'는 관념은 이런저런 질문에 부딪혔고, 굼떴지만 생각이 조금씩 움직였다.

'이건 아니다', 마침내 결심

가장 마지막까지 구석에 남아 있던 두려움. 만약 연구실을 그만두게 된다면 어쩔 텐가. 여기가 계약직도 아니고, 앞서 떠나간 사람들이 많지 않았던가? 어렵게 대학을 포기했는데 어떤 이유로든 공부를 못하게 되면 어쩌지? 그럴 가능성을 생각하면 아무리 공부가 좋더라도 졸업이라도 해두는 게 이성적이고 합리적인 도리다. 제정신이라면 우선 졸업장을 따 두는 게 맞다. 주변 모두가 그렇게 조언했다. 이런 자명한 계산에도 불구하고 내가 '공부하는 백수'라는 다소 불안한 생활을 택할 수 있었던 데에는, 다름 아닌 나의 전공인 환경공학에 대한 회의가 결정적이었던 것 같다.

그 무렵 나는 대학수업을 들으며 '이건 아닌 것 같다'는 느낌을 지우지 못했다. 단순히 그 수업이 시험이나 취직만을 위한 텅 빈 지식이어서만은 아니다. 그런 공허함이야 고딩 때부터 잘 참아 왔으니까. 문제는, '지속가능성'을 말하는 이 환경공학이라는 것이 환경을 치유하기는커녕 오히려 더 망가뜨리는 데 일조하고 있는 것처럼 보인다는 점이었다. 대체 무엇을 지속가능하게 한다는 건가? 아무것도 바꾸지 않아도 되는 맘 편한 소비를, 더 많은 개발을, 더 빠르고 대규모적인 생산-구매-폐기의 굴레를 지속시킨다는 것 아닌가?

지금도 선명하게 남아 있는 기억 하나는, 학과 건물 현관에 언제나 어지럽게 솟아 있던 분리수거 통과 복도 벽을 장식한 오염저감장치 설계도면들이 이루는 기묘한 대비다. 이 상징적인 풍경은 동기들 사이에 오가는 "미세먼지가 있어야 우리도 먹고살지" 같은 농담들과도 죽이 맞았다. 이건 내가 어릴 적 사슴벌레를 보고 품었던 소박한 다짐과 조금도 닮지 않았다. 환경공학은 대체 뭘 하는 걸까? 수치를 낮추고 안 보이게 만드는 일에 자부심을 느낄지는 모르지만, 오염의 원인을 오염물질로 여기고 신기술개발을 해답으로 여기는 이상, 환경문제를 밥벌이로 간주하는 이상, 이 학문에는 출구는 없다. 지구를 지키는 공학자들? 천만의 말씀. 그 화려한 기술들이 지키려는 것은 결국 무엇인가? 우리의 안락함과 쾌적함, 아무

것도 다르게 하지 않아도 됨, 쓰던 대로 쓰고 누리던 대로 누려도 무방함, 마지막으로 이 사이클의 후유증을 치료할 공학의 필요성 자체다. 풍요와 편리를 담보로 한 발전의 자기정당화. 보라, 이것이 바로 그 아름다운 '지속가능한 발전'의 반反생태적 민낯이다!

환경공학과에 붙어 있는 한, 말단에 머물든 꼭대기에 오르든 결국 이 길을 가게 되겠구나 생각하니 정이 떨어졌다. 여기서는 사슴벌레 한 마리도 살릴 수 없겠구나. 이 학문의 취지도, 구체적 커리큘럼도, 거기 종사하는 사람들도 '환경'에는 관심이 없구나. 어떤 질문도 없구나. 이건 아니다. 그때서야 나는 대학에 붙은 마지막 미련을 떨어낼 수 있었다. 이렇게 먹고살고 싶진 않다. 나는 다른 방식으로 환경을 생각하겠다. 내가 다니는 연구실에 배울 것이 많다. 혹 인연이 다해 알바를 전전하며 살게 되더라도 좋다. 우선은 이 공동체에서 시작해 보자. 결단이라고 하기엔 결연하지 못하고 더뎠지만, 치열했던 마음의 소란은 이렇게 일단락되었다. 지금까지도 이 결정에는 어떤 미련도 없다.

2화 돌고돌아 루크레티우스에게 이르기까지

이것이 과학인가, 그렇다면 다시 한번!

미숙한 자의 특징 중 하나는, 겨우겨우 한 고비를 넘어 방향을 틀게 되면 이전에 갔던 길을 전부 부정한다는 것이다. 거기에 성을 내거나 체념해 버리는 태도를 취한다. 자퇴를 하고 진지하게 규문에서의 공부를 시작했을 때의 내가 그랬다.

　학교를 그만둘 무렵 환경공학에 대한 실망감은 대단했다. 그만큼 기대를 품었기 때문이다. 이 학문이 기후위기와 생태문제를 근본적으로 해결할 거라고, 사회활동까진 아니어도 나름의 환경주의를 가질 거라고, 적어도 전공자들이라면 차이가 있을 거라고 기대했었다. 하지만 다를 게 없었다. 약간의 거드름이 추가되었단 것 외에는! 그런데 이렇게 성낼 일인가?

생각해 보면 애초에 환경공학 자체가 환경을 바꾸겠다는 학문이지 사람을 바꾸겠다는 학문이 아니지 않은가. 그런 학문이 갑자기 고개를 돌려 우리의 생활 습관과 소비 패턴을 지적하거나, 자본주의적 욕망의 회로 및 기업의 착취구조를 고발한다면 주제넘는 짓일 것이다. 삶에 관여하는 것은 공학의 임무가 아니다. 나아가 과학의 임무도 아니다. 생각을 돌이키게 하거나 사회를 성찰하게 할 책임은 과학에 없다. 과학이 윤리적이지 못하다고 비방하는 것은 부당하다. 전공에 대한 나의 실망은 체념으로 바뀌었고, 그 체념은 과학으로까지 번졌다.

'문송합니다'라는 말이 유행했었다. 문과생들이 취업 전선에서의 열등함을 스스로 농담하듯 폄하하는 표현인데, 들을 때마다 난 괜한 자격지심을 감출 수 없었다. 그럼 이과생은 얼마나 당당할까? 정작 우리 실존과 관련된 복잡한 문제들에 대해 까막눈이 아니던가? 언젠가부터 '나 이과생이야'라는 말은 과학 아닌 모든 영역에 무지해도 괜찮다는 자기관용적인 동시에 자기충족적인 뉘앙스를 띠었다. 정치적 현안과 역사적 사건들에 대해 무관심할 뿐 아니라 그 무관심이 정당하다는 뉘앙스. 하지만 미적분학, 토질역학, 통계역학, 유기화학 따위가 무슨 소용이 있단 말인가? 물론 스펙과 밥벌이 면에서는 유용할지 모른다. 그런데 그것들이 우리 일상의 비근한 문제들에 하나라도 도움이 되는가? 정치적으로 진지해지는 것도 아니고, 인간관계에서의 지혜가 생기지도, 살림의 기예를 키우지도 못한다. 번뇌가 들끓는 마음의 소란들에 잘 대처하게 되는 것은 더더욱 아니다. 그렇다. 사실상 우리 자신과 직접적 관련이 없는 저 멀리의 객관적 팩트들을 쌓는 것이 과학 아니던가. 과학은 무책임하다. 원래 그렇다. 과학은 과학이다. 철학이나 종교나 정치도 아닌데 거기서 통찰이나 비전 같은 걸 기대하는 것은 파울이다.

과학에 대한 체념과 과학이 줄 수 없는 것들에 대한 갈증. 이것이 내가 학교 밖을 기웃거리게 된 중요한 이유였다. '인문학 공부하는 이과생' 이미지에 끌린 것도 단지 허세만은 아니었는지도 모른다. 무엇이 생태적인 삶인지, 세상이 어떻게 돌아가는지, 난 어떻게 살아야 하는지 등 이과생으로는 좀처럼 하기 어렵고 하지 않아도 되는 고민들에 일말의 힌트를 얻고 싶었던 것인지도 모른다. '과학 나부랭이'가 어찌할 수 없는, 마음속 소란들에 귀를 기울여 보려고 말이다.

배움의 자리를 옮긴 후 '이과적인 것'들 모두를 힘껏 제쳐 두고 니체도 읽고, 세계사도 배우고, 종교나 신화도 이것저것 공부했다. 그리고 고대했던 생태 세미나를 꾸리게 되었다. 단출한 시작이었지만 두근두근했다. 이제 '과학 나부랭이'가 아니라 진짜 생태적 삶이 뭔지 배워 보자! 첫 학기에는 여러 생태주의 관련 텍스트를 읽었다. 처음 접해 보는 생생한 논의들

은 어려웠지만 매력적이었고, 특히 근대 과학과 인간주의적
문명을 향한 비판들이 무척 통쾌했다. 나는 비전이나 윤리가
될 만한 것들을 찾아보려 애썼다. 하지만 '이건 내 영역이야'
하는 자의식이 너무 강해서였는지 금방 지쳐 버렸고, 함께 시
도했던 《민생담》 글쓰기도 몇 회 만에 흐지부지되어 버렸다.
주로 환경담론이나 과학주의를 어쭙잖게 비판하는 내용이었
는데, 문장마다 힘이 꽉 들어가 있어서 쓰기도 읽기도 힘겨웠
다. 내가 읽은 훌륭한 책들처럼 뭔가 비장하고 중대한 말을 하
고 싶었던 걸까. 달랑 몇 권 겉핥기식으로 읽은 주제에 말이
다.

그때 어렴풋이 느꼈다. 나는 과학을 폄하해 왔지만 정작
내가 살아가고 있는 세상이나 나 자신에 대해서 '과학적으로
조차' 무지하다는 것을. 과학이 줄 수 없는 실질적 윤리를 고
민하기 위해서라도 과학에서 말하는 지식들을 알아야 할 것
아닌가? 사실 말이 좋아 이과생이지, 교과서에 나오는 기초상
식 몇 조각만을 기억할 뿐이었다. 그마저도 엉성했다. 그러니
까 나는 생태주의적 삶이나 성찰 같은 것에 대해 떠들어 대면
서도 정작 나를 둘러싼 물질세계의 운동들은 보려 하지 않았
던 것이다. 이렇게 갔다간 도덕과 당위만으로 무장한 생태적
'프로불편러'가 될 게 뻔했다. 다시 질문해야 한다. 무엇이 환
경이고 무엇이 생태인가? 그것이 땅인지 하늘인지, 도시인지,

아니면 우리 몸인지 마음인지, 또 그것들은 어떻게 돌아가고 있는지부터 우선 배워야 한다.

이런 반성으로 나는 과학 공부를 다시 시작했다. 아니, 새로 시작했다. 세미나를 다시 짰다. 원자, 세포, 진화, 지구, 우주 등 우리의 '세계'를 다룬 기초과학 서적을 읽어 갔다. 그렇게 1년을 보내는 동안 과학에 대해 가졌던 반감 혹은 체념이 조금씩 변해 갔다. 과학은 내가 생각해 왔던 것만큼 오만하지도 독단적이지도 않았다. 우리가 읽은 책이 그 어떤 과학자도 자신들을 '뭘 좀 아는 놈'으로 규정하지 않았다. 그 반대였다. 온갖 과학 지식을 모은 빌 브라이슨의 『거의 모든 것의 역사』이덕환 옮김, 까치, 2003에 가장 많이 나오는 문구는, 제목이 무색하게도 "우리는 놀라울 정도로 모른다"는 말이었다. 내게 과학은 언제나 우리가 궁금해하기도 전에 태양계나 인체가 어떻게 생겨 먹었는지를 알려 주는 팩트 전달자였다. 우리로서는 수치와 법칙들로 무장한 그 정보들을 군말 없이, 별 감동도 없이 받아들이는 수밖에 없었다. 그런데 세미나를 하다 보니, 막상 과학은 자신의 성과를 팩트나 진실로서 강요한 적이 없다는 사실을 알게 되었다. 거기에 권위를 부여한 것은 교육자나 사업가나 정치인이었지 과학자는 아니었다. 정말 과학을 하고 있는 사람들은 언제나 해결되지 않은 새로운 수수께끼들 속에 있었다. 물음표와 함께 사는 자들. 어쩌면 그들이야말로 인간이 아는 것의 폭이 정말 작음을, 그마저 임시적이고 수정되어야 할 것임을 가장 잘 이해하고 있는 사람들인지도 모른다.

앎을 공고히 하고 주입하는 것은 어쩌면 과학과 가장 먼 일인지도 모른다. 오히려 과학은 정반대의 효과를 가져온다. 니체는 말한다. 우리가 한 번 혹은 몇 번의 경험만으로 속단해 버린 현상들, 외관만 보고 믿어 버리는 사건들 안에 복잡한 인과관계가 작용하고 있음을 보여 주는 것이 과학이라고. 그렇기에 과학은 언제나 "단순한 인과관계에 대한 믿음을 포기하게 한다"고.프리드리히 니체, 『아침놀』 6절, 이동용 옮김, 세창, 2022, 36쪽 가만 생각해 보면 우리의 모든 편견, 오해, 기대, 실망 등의 뿌리는 바로 '단순한 인과관계에 대한 믿음'이라고 할 수 있다. 그것은 우리가 안다고 의식하기도 전에 이미 알고 있고 믿고 있는 상식과 표상이다. 이건 좋고 저건 나쁘고, 이건 저것 때문이고 저건 이것 때문이라는, 빈약한 경험에 근거한 빼곡한 앎들. 우릴 배반하고 번뇌에 빠뜨리는 것은 이처럼 편협하지만 확신에 찬 앎이다. 하지만 니체가 말하듯, 과학은 사물들이 우리가 아는 대로 존재하지 않음을 말해 준다. 이로부터 우리는 눈에 보이는 것으로 세계를 실체화하기를 멈출 수 있고, 그럴 때 과학은 우리 자신의 경험과 습관을 되물을 수 있는 도구가 된다. 진리를 굳히는 것이 아니라 녹이기, 진리를 흔들다리 위에 놓기로서의 과학 공부라면 어떨까!

하지만 여기까지 가기는 어렵다. 보통 내공이 아니고서야 어떻게 과학책을 읽고 자기 인식의 부적합성을 깨닫는 데까지 이르겠는가? 좋든 싫든 과학은 입증될 수 있는 것들을 다룬다. 측정할 수 없고 실험할 수 없는 것들에 대해 말할 수는 없다. 인간의 기쁨과 슬픔, 욕망과 두려움 같은 정서나 가치들의 역사에 대해서는 말할 수 없다. 과학을 조금 겸손한 눈으로 바라보게 되긴 했지만, 그 지식들은 아침부터 밤까지 피어오르는 내 마음의 소란들을 풀어 가기에는, 내가 어떻게 살아야 하는가의 문제를 고민하기에는 여전히 충분치 않았다.

윤리를 품은 과학, 자연학

과학의 완전히 다른 형태와 능력을 보게 된 것은 고대 원자론을 배우면서부터였다. 기초를 한 바퀴 돌았으니, 우리는 가장 작은 세계부터 공부해 보기로 했다. 세계가 쪼갤 수 없는 최소 입자인 원자로 되어 있다는 생각은 언제, 왜 시작되었을까? 원자의 기원으로 올라가 고대 그리스에 이르고 보니, 거기에는 완전히 다른 과학이 있었다. 자연을 탐구하는 일 자체에 이미 '어떻게 잘(=올바르게=아름답게=행복하게) 살 것인가' 하는 물음이 내재해 있었던 것이다!

고대 과학에서 삶의 변화와 행복을 전제하지 않은 탐구는 없었고, 탐구 활동을 수반하지 않은 채 올바르게 살기란 불가능했다. 어떤 학파나 마찬가지였다. 하늘, 땅, 도시, 동물, 몸, 영혼이 무엇으로 되어 있고 어떻게 운동하는가에 대한 앎은 다이렉트로 삶의 방향 설정에 연결되었다. 즉 과학은 윤리와 한몸이었다! 그것은 내가 알고 있는 '사이언스'(Science)라는 말로 규정하기에는 너무 풍요로웠다. 탐구는 탐구하는 자를 바꿔 놓는다. 그런 점에서 고대의 자연 연구는 모두 철학에 속했고, 그렇게 윤리적 힘을 지닌 앎은 '푸지올로지아'(Phusiologia, 자연학 혹은 생리학)라고 불렸다.

> Phusiologia는 인간 행실의 원리로 사용될 수 있고, 인간의 자유를 작동시키는 기준의 역할을 하며 또 (자연 앞에서 신과 세계의 사물에 대하여 습득한 바 앞에서 공포와 불안에 가득 차 있던) 주체를 자유로운 주체로, 즉 자기 자신 안에서 불변하고 완벽한 관능의 가능성과 원천을 발견하게 되는 주체로 변형시킨다는 한에서 그것은 자연, 즉 phusis에 대한 앎입니다.[미]
>
> 셸 푸코, 『주체의 해석학』, 심세광 옮김, 동문선, 2007, 275쪽

영혼을 무장시키고 자기 자신을 변형시키는 실천으로서의 자연 탐구! 이거야말로 내가 찾던 과학이었다! 그런데 여

기서 한 가지 의문이 든다. 왜 자연에 대한 앎이어야 하는가? 사회적 규범이나 합의, 개인적 양심과 각성으로는 불충분한 것인가? 정리하면, '어떻게 살아야 하는가'와 같은 윤리의 문제가 왜 물질세계에 대한 탐구로부터 출발되지 않으면 안 되는 걸까?

이 질문을 거꾸로 돌려 보자. 왜 지금까지 '열심히 해야지', '착실하게 살아야지'와 같은 나의 다짐들과 결의들은 번번이 실패했는가? 살아감에 있어서 우리의 도덕과 의지는 왜 늘 벽에 부딪히는 걸까? 그건 '이렇게 하자'라는 결심이 우리 몸과 마음의 구성이나 운동방식을 무시한 채 이루어졌기 때문일 것이다. 그 결과 우리는 약한 의지를 탓하거나 뜻대로 되지 않는 몸뚱이 혹은 세상을 탓한다. 이렇게 정신과 신체는 분리된다. 그게 아니라고 그토록 배워 왔지만, 몸과 마음 그리고 사물들의 운동방식과 그것들의 원리로부터 출발하지 않는 이상, '정신만 차리면', '마음만 먹으면' 잘 살 수 있다는 정신주의로 또 돌아가게 된다. 그럴수록 내 의도와 세계의 충돌은 계속되고 마음의 동요는 잠잠해질 기미가 없다.

윤리의 문제가 왜 '사물의 본성'에 대한 근원적 탐구에서 시작되어야 하는가 하는 질문에 대한 내 나름의 답변은 이렇다. 자연의 원리와 운행에 대한 이해가 없는 한, 우리는 부딪히는 사건들 앞에서 '저놈 때문이다', '신의 벌이다', '내가 잘

하면 된다'라는 빈약한 결론들을 반복하게 된다. 원망, 심판, 자책의 연속. 여기에는 미움과 두려움이 흐르고 있다. 다른 결론을 원한다면 다른 출발점이 마련되어야 한다. 세계, 물질, 운동, 신체, 영혼, 태어남과 죽음에 대한 생각들을 자연 자체의 충만함 위에서 재설정하기. 요컨대, 미움도 두려움도 없이 세상과 삶의 변화무쌍함을 맞이하며 살아갈 수 있는 길, 그래서 더 많은 순간을 기쁨으로 채울 수 있는 길은 자연학과 더불어 열리기 때문이다. 그러한 길들 중 하나가 바로 고대 원자론이었고, 그 사유로부터 존재에 대한 풍성한 이치들을 펼쳐 나간 책이 바로 『사물의 본성에 관하여』(*De rerum natura*)였다.

마음의 소란을 동력 삼아 이어진 나의 여정은 배움의 공간이 바뀌고 방향이 바뀌는 동안 구불구불 흘러갔다. 수많은 우연과 인연, 회의, 체념, 저울질, 결단, 재발견을 통과해 발길이 닿은 곳에 루크레티우스가 서 있었다.

마침내, 루크레티우스를 만나다

뜻밖의 여정에서 뜻밖의 만남! 루크레티우스와의 운명 같은 이 만남이 내 마음에 불을 지펴서 쭉쭉 글을 써내게 했습니다! 라고 말하면 멋지겠지만, 전혀 아니었다. 아쉽지만 그런

감동 스토리는 없었다. 세미나에서 처음『사물의 본성에 관하여』를 읽었을 땐 재미있기 했어도 솔직히 대단한 감흥은 없었다. 원자와 허공이라는 개념으로부터 우주, 몸, 인식, 영혼, 신, 자연현상 전부를 설명해 내는 과정이 탁월하게 보이긴 했지만, 그게 어떤 의미인지도 몰랐고 새로운 통찰 같은 것이 촉발되지도 않았다. 몇몇 멋진 문장에만 밑줄 그어 두고 이해가 안되는 나머지 부분은 죄다 넘어갔다. 어쩌면 또다시 '돼지 목의 진주'였는지도 모른다. 그렇게 데면데면하게 만나고 헤어지는가 했는데, 갑작스레 미션을 받았다. 이 책으로 1년 동안 글을 쓰라는 빅 스케일의 미션! 또다시 글쓰기다. 밝히고 보니살짝 부끄럽지만, 글을 쓰기 위해 나는『사물의 본성에 관하여』를 다시 펼쳤던 것이다. 일자무식이었던 나는 그렇게 고대철학이나 역사를 더듬더듬 공부하며 루크레티우스에게 다가갔다.

다시 말하지만 끌림이 먼저가 아니었다. 우린 결코 피뢰침과 번개가 아니었던지라, 둘 사이의 전류는 1년간 서로 부대끼고 뒹굴어 대는 동안 아주 조금씩 생겨났다. 때로는 해석도 글쓰기도 꽉 막혀서 놓아 버리고 싶기도 했다. 진심으로 많이 흔들렸다. 그럼에도 불구하고 내가 루크레티우스를 붙들었던 이유는 뭘까? 여기도 수많은 이유가 있었겠지만 핵심은하나였다. 그가 노래하는 '사물의 본성'이 전적으로 우리의 지복至福을 향하기 때문. 물론 행복과 무관한 자연학은 없지만, 루크레티우스의 경우는 우리를 뒤흔들고 옭아매는 두려움과 욕망이라는 정념의 치유에 초점을 맞춘다. 우리를 짓누르는 두려움은 어디서 오는가? 우리는 왜 그것을 두려워할 필요가 없는가? 자연의 이치를 설명하는 그의 방대한 시에는 이 두 질문이 메아리치고 있다. 우주의 운동을 설명할 때도, 신이나 영혼의 구조, 죽음과 운명을 설명할 때도 마찬가지다. 문제가 되는 것은 오직 불안과 공포와 탐욕을 떨쳐내는 일이다.

루크레티우스는 말한다. 진정으로 우리를 괴롭히는 것은 히드라나 사자나 멧돼지 같은 숲속의 야수들이 아니라고. 실제로 그 시기 로마는 이미 도시가 완비되었고 숲은 개간되었으며, 사람들은 결코 자연의 괴물을 두려워하지 않았다. 해결해야 할 재난은 오히려 '안쪽'에 있었다.

반면에 가슴속이 정화되지 않았다면, 그때 우리는 어떠한 전투와 / 위험 속으로 내키지 않으면서도 들어가야만 하는가? / 그때는 욕망에서 비롯된 얼마나 날카로운 근심이 / 인간을 뒤흔들어 찢는가, 그리고 얼마나 큰 두려움이? / 혹은 오만함, 비열함과 방자함은 어떠한가? 이들은 얼마나 큰 / 재난을 일으키는가? 사치와 나태는 어떠한가?(5: 43-48)

이 대목에서, 그의 문제의식과 자연학이 나와 우리 시대가 겪고 있는 문제를 풀어가는 데 무척 유용하겠다는 '필'이 왔다.

루크레티우스가 살았던 기원전 1세기 로마는 향락과 불안이 공존했다. 당시 로마는 아직 황제만 없었지 사실상 제국으로서 지중해의 패권을 장악하고 정복국가들로부터 무지막지한 전리품과 부를 빨아들이고 있었다. '팍스로마나' 직전의 고도성장기라고 할까. 수도관이 깔리고 목욕탕이 세워졌고, 극장과 체육관이 붐볐으며, 부역과 병역은 노예가 대신했다. 그런 와중에도 부패와 반란은 끊이질 않았다. 사치와 더불어 불안이 만연했고, 오락과 동시에 미신이 유행했다. 각종 구원종교와 이교 신앙이 전례 없이 증가했다. 니체는 이미 이때부터 그리스도교적인 제의 혹은 그 교리를 원하는 심리가 퍼져 있었다고 말한다. 루크레티우스는 바로 이런 분열적인 시대 속에서 인간의 번뇌를 진단한 것이다.

어쩐지 저 2천 년 전 풍경이 우리 시대와 그렇게 멀지 않은 듯 보인다. 물론 다르다면 너무나 많이 다르겠지만, 끊임없는 콘텐츠와 오락 속에 살아간다는 점에서는, 그래서 눈과 귀와 입이 자극에 내맡겨지는 와중에도 불안 속에 있다는 점에서는 닮았다. 우리는 끊임없이 자극을 투여받고 또 그것이 끊이지 않기를 열망한다. 그토록 많은 것을 먹고, 마시고, 보고,

듣고, 사고, 버리면서 우리는 대체 무엇을 갈구하고 있는 걸까? 욕망의 확장, 분산, 전이, 자극 자극 자극. 하지만 돌아오는 것은 더 큰 공허감뿐이다. 우리는 마음의 풍랑을 직시하지도 잠재우지도 못하고 끊임없이 회피하며 환상들로 덮으려 한다. 나름의 미신들을 만들어 가면서 말이다. 굳이 종교들을 언급하지 않아도 우리가 의존하는 학벌, 지위, 부동산, 보험, 의료 서비스 등에 대한 맹목적 믿음을 보라. 그럼에도 우리는 동요하는 자기 마음 하나를 어쩔 줄 모른다. 나 역시도 그 한복판에 있다.

> 땅과 하늘의 이치가 포착되어야 한다, / 폭풍들과 눈부신 번개들이 노래되어야 한다, / 그들이 무엇을 하는지, 대체 어떤 원인에서 생겨나는지. / 그대가 정신 놓고 두려워하지 않도록 말이다.(6: 83-86)

루크레티우스는 말했다. 무엇보다 가슴속을 정화해야 한다고. 중요한 건 그가 이 정화작업의 수단을, 즉 우리가 사로잡힌 정념과 탐진치 번뇌와 싸우는 무기를 종교적 위안이나 형이상학적 사변이 아니라 자연의 이치에서 찾고 있다는 사실이다. 루크레티우스는 스승 에피쿠로스(BC 341~BC 271)를 본받아 이 자연학의 토대에 우선 원자를 놓는다. 우리의 몸도,

영혼도, 신도, 우주도 원자로 이루어져 있다는 설정. 이러한 설정으로부터 인식과 존재에 대한 사유를 펼치면서 루크레티우스는 우리를 지복에 이르는 길로 인도한다. 어떻게 세계를 원자로 보는 관점으로부터 영혼의 평정에 도달할 수 있을까? 이제부터 차근히 알아가 보자. 그 전에, 먼저 이 낯선 사내가 누군지부터 살펴보자. 21세기를 살아가는 내 앞에 나타난 이 고대인은 대체 어디서 뭘 하던 사람인가?

3화 당신은 누구십니까? : 무명의 철학 시인을 찾아서

풍문으로 들었소!

남부 독일의 한 수도원. 침묵의 규율 속에서 한 남자가 도서관 장서 목록을 샅샅이 훑어 내려가고 있다. 주임 사서의 불안한 시선을 뒤로한 채, 이 '책 사냥꾼'은 먼지 덮인 고대 로마의 라틴어 필사본들 사이에서 그를 너무나 흥분시키는 이름을 발견한다. '유레카!' 어쩌면 탄성이 새어 나왔을지도 모른다. 『사물의 본성에 관하여』(De rerum natura)라는 제목의 책 표지에 쓰여 있는 그 이름은 바로 루크레티우스(Titus Lucretius Carus BC 99경~BC 55경)였다.

    때는 15세기 초, 르네상스의 한가운데였다. 천 년간 오직 신만을 바라보던 연구가 비로소 인간을 향하기 시작하면서,

이탈리아를 중심으로 그야말로 '인문학 붐'이 일어났다. 새롭게 생각하려면 멀리까지 나아가야 하는 법. 그리스도교에 묻혀 버린 지적 유산을 찾아 사람들은 고대 그리스와 로마의 문헌들을 발굴하려 애썼다. 발견된 고전들은 인문주의자들 사이에서 필사되고 편집되고 주해되어 활발히 교환되었다. 키케로(BC 106~BC 43), 리비우스(BC 59~AD 17), 오비디우스(BC 43~AD 17) 등 고대 로마인들의 찬란한 저작을 부활시키고 탐독했던 이 고전학자들은 아직도 빈자리가 크다는 것을 느꼈다. 적어도 이 텍스트에서 여러 번 언급되는 이름들만큼은 찾아내고 싶었다. 그리하여 그들 중 몇몇은 스스로 책 사냥꾼이 되었고, 깊고 어둑한 수도원 도서관들을 파고들었다.

사실 수도원은 고대 철학들을 이교도로 내몰고 탄압했던 그리스도교의 핵심 기관이었다. 하지만 등잔 밑이 어둡다고 했던가, '수도사는 글을 읽을 수 있어야 한다'는 엄격한 회칙 때문에 고대 서적들 중 일부가 수도사들의 라틴어 학습 및 수련용으로 남겨졌다. 그러니까 그 이단적 문헌들은 어떤 질문도 허락되지 않은 채 양피지 위에 필사되고 또 필사되며 전해져 왔던 것이다. 무려 천 년이 넘도록! 기묘한 역설이다. 『사물의 본성에 관하여』는 그렇게 보존된 책들 중 하나였다.

뛰어난 인문주의자이자 책 사냥꾼인 포조 브라촐리니(1380~1459)는 그 이름을 대번에 알아보았다. 어떻게? 풍문으로 들었기 때문이다. 동료들과 열심히 읽었던 키케로와 오비디우스의 글에 여러 번 등장했던 그 이름이다. 그것도 엄청난 찬사와 함께! "루크레티우스의 시는 네가 편지에서 언급한 것처럼 빛나는 천재성으로 가득하더구나. 그런데 매우 예술적이기도 하더군."(키케로) "숭고한 루크레티우스의 시는 세계가 멸망하는 그날까지도 결코 사라지지 않을 운명이다."(오비디우스)이상 스티븐 그린블랫, 『1417년, 근대의 탄생』, 이혜원 옮김, 까치, 2013, 67쪽에서 재인용 이런 구절들을 보아 왔던 인문학자에게 저 발견의 순간이 두근거리지 않기란 어려웠을 것이다.

콘스탄츠 공의회에 의해 교황이 퇴위되고 중세가 막을 내리던 무렵, 루크레티우스의 『사물의 본성에 관하여』는 다시 빛 속에 나왔다. 천 년 만이었다. 유럽에서 기독교가 승리한 이래 고대철학의 유산은 대대적으로 매장되어 왔다. 플라톤(BC 428~BC 348)의 영혼 불멸, 아리스토텔레스(BC 384~BC 322)의 제1원인, 스토아의 섭리 같은 개념 정도가 왜곡되어 교부신학으로 흡수되었고 나머지는 모두 이단 사상으로 치부되었다. 그중에서도 가장 강력하게 비난받은 것은 원자와 허공 이외에 어떤 불멸도 부정하면서 우리 스스로 자족적 쾌락을 발명하라고 가르쳤던 에피쿠로스의 철학이었다. 『사물의 본성에 관하여』가 담고 있는 것은 이런 '신성모독적'인 에피쿠로스의 사유였다. 심지어 그 문장들이 워낙 유려하고 아름다웠던지라, 이 책이 수도원 밖으로 퍼져 나갔을 때의 파장은 막대했다. 피렌체의 교회 당국은 『사물의 본성에 관하여』를 금서목록에 올리고 추종자들을 탄압하기도 했지만 때는 이미 늦었다. 곳곳에 루크레티우스를 읽는 모임이 생겨났고, 수많은 지식인들은 그 시집의 필사본을 품에 지니고 다녔다.

일찍이 이 시집을 필사하고 주석을 달았던 사람 중에는 마키아벨리(1469~1527)도 있었다. 16세기에 이르자 그 수는 더 늘었고, 몽테뉴(1533~1592)는 『수상록』에서 루크레티우스를 무려 100행 이상 인용했다. 특히 인간의 성애를 묘사하는 그의 언어가 "지조 있는 자연스러운 힘으로 충만하며 벅차다" 미셸 에켐 드 몽테뉴, 『몽테뉴 수상록』 3권 5장, 손우성 옮김, 동서문화사, 2007, 965쪽 고 적었다. 몽테뉴가 소장한 필사본에 빼곡히 적힌 메모 중 하나는 이렇다. "원자의 움직임은 너무나 다양하기 때문에 이렇게 한 번 결합한 원자가 미래에도 다시 그렇게 결합하여 또 한명의 몽테뉴가 태어날 거라고 해도 믿지 못할 것도 없다." 스티븐 그린블랫, 『1417년, 근대의 탄생』, 312쪽에서 재인용 원자론과 더불어 인간의 본능, 영혼, 존재에 대한 생각이 바뀌고 있었고, 신의 세계는 무너지고 있었다. 우주에 대한 견해도 마찬가지였다. 조르다노 부르노(1548~1600)는 복수複數의 세계가 존재하며 태양은 끝없는 우주의 한 항성에 불과하다는 주장을 펼쳤다. 코페르니쿠스의 지동설보다 훨씬 급진적이고 현대적인 이 '무한 우주론'의 근거로 브루노는 『사물의 본성에 관하여』의 구절들을 인용하고 있다. "그러므로 시인은 다음처럼 훌륭히 말합니다. '그대는 또 다른 천체 공간에는 또 다른 인간, 짐승과 함께 또 다른 지구들이 있다는 것을 인정하지 않으면 안 된다.'(2: 1075)" 조르다노 브루노, 『무한자와 우주와 세계 외』, 강영계 옮김, 한길사, 2000, 251쪽 비록 브루노는 이단으로 몰려 화형에 처해졌지만, 얼마 후 원자론은 과학혁명을 일으켰고 육체와 물질을 폄하해 온 세계는 힘을 잃어 갔다.

새 시대가 열리고 있음을 가장 잘 보여 주는 영역은 예술이었다. 르네상스의 아이콘으로 불리는 보티첼리(1445~1510)의 「프리마베라」(Primavera)를 보자. 여기에는 기독교가 없다. 지난 천 년 동안의 모든 예술은 『성서』의 한 장면 혹은 성인의 이야기만을 담아 왔다. 그러나 이 커다란 그림의 어느 구석에도 교회의 흔적은 없다. 기적도, 창조도, 시련도, 징벌도 없다. 오직 스스로의 힘으로 피어나고 무르익는 봄의 활력과 생기만이 가득하며, 고대 신화 속 신들, 즉 이교의 여신들이 그 에너지를 상징하고 있다. 정원의 한가운데에는 생식과 사랑의 여신 베누스(Venus)가 있고, 그 주변으로 미의 세 여신, 쿠피도(Cupido, 에로스), 플로라(Flora, 꽃의 여신), 제퓌로스(Zephyros, 서풍) 등이 자리 잡고 있다. 문자 그대로 암흑기를 끝내고 도래한 봄을 보여 주고 있는 이 위대한 그림의 모티브는 루크레티

보티첼리(Sandro Botticelli), 「프리마베라」(Primavera)

우스 시의 한 구절로 추정되고 있다. "봄과 베누스가 지나간다, 그리고 그에 앞서 베누스의 날개 돋친 / 길라잡이[쿠피도]가 걸어간다, 제퓌로스의 발자취 가까이에선 / 어머니인 플로라가 그들을 위해 앞길에 온통 / 빼어난 꽃들과 향기를 뿌려채운다."(5: 737-740) 실제로 보티첼리의 후원자이자 그림의 의뢰인이었던 로렌초 데 메디치는 『사물의 본성에 관하여』를 읽는 모임을 이끌기도 했다. 요컨대, 기묘한 인연으로 수도원을 빠져나온 이 고대 텍스트는 철학·과학·예술 전반에 걸쳐 새로운 시대를 여는 핵심적 역할을 했다. 그런데, 이 놀라운 책의 저자 루크레티우스는 대체 누구인가?

티투스 루크레티우스 카루스. 그는 왜 풍문으로만 남아 있었을까? 심지어 풍문들조차 야박하기 짝이 없다. 생애는 물론이요, 가족도, 신분도, 친구도, 이런저런 신상정보도 전무! 부정확한 생몰년대만이 남아 있을 뿐이다. 고대 로마에 명망 있는 루크레티우스 집안이 있었고, 작품에서 귀족 가이우스 멤미우스(BC 99~BC 49)를 친근하게 부르는 것으로 보아, 상류층 인사였을 가능성이 있지만 확실치는 않다. 당시 해방 노예는 주인의 이름을 받곤 했기 때문이고, 귀족이자 시인이고서(그것도 매우 훌륭한) 세간에 알려지지 않기란 쉽지 않았기 때문이다. 『사물의 본성에 관하여』 외에 그의 다른 작품은 없는 것 같다. 마지막 6권이 손질되지 않은 채로 맺어진 것으로 보인다는 견해에 따르면, 그 작품마저 생전에 발표하지 못했을 가능성이 크다. 확실한 건 루크레티우스가 어떤 흔적도 남기지 않았을 정도로 매우 조용한 무명 인사였다는 사실이다. 어쩌면 그는 자신의 스승 에피쿠로스의 "눈에 띄지 않게 살아라"(lathe biōsas)에피쿠로스, 『에피쿠로스 쾌락』, 박문재 옮김, 현대지성, 2022, 168쪽 라는 가르침을 지나치게 잘 실천했던 은둔 철학자였는지도 모른다.

풍문은 여기서 끝이다. 이제 남은 일은, 수사망을 넓히고 상상력을 발휘해서 루크레티우스라는 인간을 한 땀 한 땀 복원해 보는 일이다. 그는 무엇을 보았고, 어떤 질문을 품었을까? 왜 시를 썼으며, 그에게 철학한다는 것은 무엇이었을까?

미친 시인, 미친 도시를 거닐다

사실, 루크레티우스의 신상에 대한 기록이 하나 있기는 하다.
4세기에 작성된 교부 성 히에로니무스(제롬, 347경~420경)의
기록이다. 초기 그리스도교 연대기의 기원전 94년 항목에 이
렇게 적혀 있다.

> 시인 티투스 루크레티우스 탄생. 그는 사랑의 미약 때문에
> 정신이 나갔는데, 정신이 오락가락하는 사이에 글을 썼고
> 일부 작품은 키케로에 의해서 개작되었다. 자살로 생을 마
> 감했다. 향년 44세. 스티븐 그린블랫, 『1417년, 근대의 탄생』, 70쪽에서 재인용

엥? 사랑의 위험을 경계했고 삶의 기쁨을 찬양한 자가,
사랑에 미쳐 자살까지 했다니? 그럴 리가! 그의 시를 한 번이
라도 진지하게 읽어 봤다면 이 기록이 얼마나 얼토당토않은
지 알 것이다. 키케로가 그의 작품을 개작했다는 말 또한 근거
가 없으며, 이 문헌은 루크레티우스 사후 400여 년이 지나고
작성된 것이다. 그 사이에 다른 기록은 없었다. 무엇보다도 작

성자인 제롬은 고대 무신론 철학을 이교도로 비방하는 데 힘썼던 그리스도교 논객이었다. 비록 이 자료를 그대로 믿는 사람은 거의 없었지만, 대체할 만한 다른 자료가 없으니 신빙성이 전혀 없어도 '신빙성은 없다'는 첨언과 함께 쭉 이어져 왔다고 한다(12세기에는 루크레티우스가 애인 루실리아가 준 사랑의 미약[최음제] 때문에 미쳤다는 기록이 발견된다).

나는 이 무책임한 기록을 그냥 무시해 왔다. 조금은 화도 났다. 하지만 다시 곱씹을수록 어째서인지 한 지점이 걸렸는데, 바로 '광기'다. 모함이었을지라도 소문에는 힌트가 있을지 모른다. '정신이 오락가락하는 사이에 글을 썼다'는 말을 달리 해석해 볼 수는 없을까? 많은 연구자들은 미친 사람이 이토록 논리 정연한 논증과 풍성하고 세련된 문장을 쓸 수 없다는 이유로 이 기록을 반박한다. 하지만 광기는 어쩌면 예외성 혹은 특이성을 지칭한 표현이 아니었을까? 주류적인 것에서 거리를 두고 있어 결코 상식으로 이해할 수 없는 생각과 행동 양식 말이다. 그러니까 신학자 제롬이 보기에 루크레티우스는 우리 보통 사람들과는 다른 토대 위에 서 있었던 것이다.

아테네 성벽 밖에 철학의 정원을 꾸린 에피쿠로스 공동체(거기에는 노예, 창녀, 이방인도 함께 있었다)가 언제나 들어야 했던 비방도 '쾌락에 미쳤다'는 말이었다. 신들을 두려워하지 않고, 내세가 아닌 현세의 지복을 영위하고자 하는 그들의 실천은 체제를 유지하려는 사람들에게 불온하기 짝이 없어 보였다. 그런 점에서, 광기는 지성과 대립된다기보다는 다수성 및 주류성에 대립된다. 광인은 대체로 떠돌이였다. 도시 안으로 섞여들지 않는 소수자이자, 멀리서 보고 온 새로운 것을 새로운 말로 전하는 이방인이었다. 예로부터 그런 낯선 존재의 이미지는 두 가지였는데, 하나는 시인이고 하나는 철학자였다. 루크레티우스는 둘 다였다. 그는 안 그래도 급진적이고 탈중심적인 에피쿠로스의 가르침을 무사 여신들(Muses)의 영감 속에서 노래한다. "길 벗어난 피에리아 무사 여신들의 영역을, 이전에는 누구의 발에도 / 닿지 않은 땅을 가로질러 나는 가노라."(4: 1-2) "나를 위하여 주로走路를 앞질러 보여 주소서, 현명하신 무사 / 칼리오페여."(6: 93-94) 이렇게 보면, 안 그래도 고대철학이 못마땅했던 기독교 교부철학자의 눈에 루크레티우스는 낯선 얼굴을 가진 괴물로 비쳤으리라는 짐작이 가능하다.

루크레티우스가 실제로 떠돌아다녔는지, 정신이 오락가락했는지는 알 방법이 없다. 하지만 그의 광기를 중심으로부터의 거리두기로 보고, 그가 그의 자리에서 보았을 정상적이고 주류적이라는 사람들의 삶을 상상해 보면 어떨까? 즉 기원전 1세기 로마 한복판에서 루크레티우스가 마주한 풍경은 어떠했을까? 대체 무엇이 그를 쓰지 않을 수 없게 만든 걸까? 그 시절, 로마로 가 보자. 타키투스(56~117)는 그 시대를 그리며 이렇게 묻는다.

> 당신의 고국에서 연극, 전차 경주, 검투사 경기 외에 다른 것에 대해 이야기하는 사람들이 얼마나 있겠는가? 당신이 강의실에 들어섰을 때 이들 세 가지 외에 다른 이야기를 하고 있는 젊은이들을 봤는가? 배은숙, 『로마 전차 경기장에서의 하루』, 글항아리, 2021, 14쪽에서 재인용

사람들이 북새통을 이룬 문 앞. 건물 바깥으로까지 고함 소리가 터져 나온다. 판돈을 건 사람들의 충혈된 눈과 쉰 목소리가 거대한 원형 경기장 중앙을 향한다. 저 멀리 "강한 말들이 (……) 마치 승리의 종려나무 가지를 두고 온 힘을 다하듯, / 혹은 마치 출발대가 열리자 뛰쳐나가기를 원하듯 하는 것"(4: 987-990)이 보인다. 질주가 시작되자 욕설과 환호가 뒤섞인다. 낙마한 기수들이 짓밟히고 처형될 때 함성은 절정에 달한다. 로마 시대 최고의 스포츠 전차경기의 풍경이다. 경기장 밖으로 상인들, 광대, 예언자들, 사기꾼들, 매춘부들이 북적인다. 들뜬 기분에 휩싸여 거리로 나온 사람들은 이제 어디로 갈까? 더한 스펙터클이 준비된 검투사 경기장으로, 극장과 연회장으로, 사냥터로, 공중목욕탕으로….

바야흐로 향락의 시대다. 기원전 1세기, 로마는 지중해를 빙 둘러 정복했고 이제껏 서양에 존재한 적 없던 제국이 태동하고 있었다. 모든 길이 로마로 통하기 시작했고 그 길로 무지막지한 부와 전리품이 흘러들어 왔다. 전 세계가 식민지였다. 키케로는 말했다. "다른 지방은 로마 시민의 꿀통이다." 디트마르

피이퍼·요하네스 잘츠베델, 『만들어진 제국, 로마』, 이은미 옮김, 21세기북스, 2018, 201쪽

도시가 팽창할수록 더 많은 경기장과 오락 시설들이 지어졌다. 커다란 건물 정문마다 번떼처럼 몰려든 인파를 지나며 루크레티우스는 물었다. 이들은 대체 무엇을 쫓는 걸까? 왜 그것을 붙잡지 못하는가?

그들 중 일부는 사원으로 향한다. 이곳도 발 디딜 틈이 없다. 핏대를 세우던 사람들은 이제 제단 앞에서 기도하고 절하고 눈물을 흘린다. 가축을 잡고 소중한 모든 것을 갖다 바치며 절절히 빌고 있다. 이 시기 로마로 흘러온 것은 부만이 아니었다. 저 먼 동방에서 온갖 종교가 밀려 들어왔고 로마 곳곳에는 가지각색의 교리를 설하는 사원들이 세워졌다. 사람들은 저마다의 신들을 붙들고 외쳐 댔다. 이생의 성공을, 내세의 구원을, 마음에 은총을! 간청과 구걸, 비탄과 몰아沒我를 오가는 모습을 보며 루크레티우스의 의문은 깊어져 갔다. 이들은 대체 무엇에 쫓기고 있는 걸까? 왜 자신의 구원을 다른 존재에게서 구하고 있을까?

신전을 나선 루크레티우스의 시선은 광장에 사열한 병사들로 향한다. "부대들이 모의 전투를 격렬히 수행하느라 / 마르스 벌판 온 지역에 들끓는 것"과 "거대한 보조 부대와 기병대로 보강된 이들"(2: 40-43)이 보인다. 밖에서 본다면 로마는 승승장구하며 팽창해 갔다. 하지만 제국 시기라는 것은 사실상 전투가 끊인 적 없음을 뜻한다. 동서남북 할 것 없이 이민족의 침입이 계속되었고, 정복한 도시들에서도 반란이 쉼 없이 일어났다. 내란의 제압을 위한 원정은 일상이었다. 귀족들조차 동원될 정도였으니, 평민들과 노예들은 무차별적으로 징집되어 이름도 모르는 곳에서 흔적도 없이 죽어갔을 것이다. 카이사르가 아무리 승리한들 무엇하리. 병사들은 기아와 살해와 질병의 늪에서 허우적거리고 있는데. 이들은 대체 무엇을 희망하며 살아갈까? 왜 지배자들은 이들을 돌보지 않는 걸까?

정치판 역시 아수라장이었기 때문이다. 원로원은 정쟁이 그칠 날이 없었고 뇌물과 매수가 만연했다. 공화정과 과두정이 난립했고, 공을 세운 귀족들은 쿠데타를 일으켜 군사정권을 세웠다가 암살되곤 했다. 플루타르코스는 이 시기에 국정이 키잡이 없는 배처럼 표류했다고 적는다. "관직에 입후보하는 자들은 공공연히 돈 탁자를 갖다 놓고 파렴치하게 대중을 매수했고, (……) 선거가 끝나기도 전에 선거장이 피와 시신들로 더렵혀진 때가 한두 번이 아니었다."플루타르코스, 『플루타르코스 영웅전』, 천병희 옮김, 도서출판 숲, 2010, 500쪽 귀족 가문으로서 이 참상을 모르지 않았을 루크레티우스는 정치에 기대를 품을 수 없었다. 그들은 "시민의 피로써 재산을 부풀리고, 탐욕스레 / 부를 배가한다, 살인에 살인을 덧쌓으면서."(3: 70-71) 모자랄 것이 없는 이들은 무엇을 위해 이러고 있는가?

루크레티우스의 시선을 따라 로마라는 도시를 거닐다 보면, 사람들이 모여 있는 곳 어디에도 제정신이 유지되는 곳이 없다. 열에 들떠 있거나 넋이 나가 있고, 결코 해소되지 않는 갈증 속을 헤매며 자신을 파괴하고 있다. 즉 이 도시의 중심이야말로 미쳐 있다. 여기서 아무런 문제 없이 정상적으로 살아간다는 것 자체가 이미 아프다는 것을 말해 주는 것 아닐까? 이 광기의 한복판에서 '미친' 시인 루크레티우스는 묻지 않을 수 없었다. 우리의 영혼을 이토록 뒤흔드는 흥분과 근심은 어디서 오는 걸까? 두려움이다. 인간 번뇌의 뿌리로서의 두려움. "실로 그토록이나 두려움이 모든 인간을 사로잡고 있다."(1: 151) 정신을 마비시킬 향락을 좇는 것도, 목 놓아 울며 신을 찾는 것도, 살인에 살인을 거듭하는 것도, 우리 영혼의 밑바닥을 잠식한 두려움을 어떻게 해보고자 하는 몸부림이었다.

"두려움이 걱정들의 원천이라는 것"(3: 82)을 진단한 루크레티우스는 이제 다시 묻고자 한다. 그렇다면 우리의 영혼에 정말 필요한 것은 무엇일까? 향락적 열광과 자학적 신앙이 아닌, 지고한 쾌락이란 삶에서 가능할까? 이 두려움은 삶과 우주에 대한 어떤 몰이해에서 기인하며, 어떻게 거기서 벗어나 충만한 기쁨에 이를 수 있을까? 『사물의 본성에 관하여』의 한 문장 한 문장은 이 간절한 물음들 위에서 쓰였던 것이다.

쑥물 잔에 꿀을 바르리!

루크레티우스가 보기에 사람들은 앓고 있었다. 아픔을 완화하고자 끊임없이 권력과 돈, 오락과 종교를 찾지만 소용이 없었다. "왜냐하면 그는 아프면서도 질병의 원인을 파악하지 못하기 때문이다. / 그것을 제대로 본다면, 각 사람은 모든 일을 제쳐 두고 / 우선 사물의 본성을 알고자 노력할 것이다."(3: 1070-1072) 치유를 위해 필요한 것은 위로나 마취가 아니라 정확한 진단이다. 신체의 병과 마찬가지로 영혼의 병에 있어서도 그 원인을 제대로 바라보지 못한다면 덧나고 곪을 뿐이다. 루크레티우스의 진단은 두려움이었다. 혼탁하고 겁에 질린 영혼이 우리를 중독과 폭력, 체념과 미신의 굴레로 몰아가고 있음을 직시한 자는 이전처럼 살아갈 수 없다. 멈추고 묻지 않을 수 없다. 나는 그리고 우리는, 대체 무엇을 두려워하고 있는가? 우리를 떨게 하는 모든 것들, 즉 신들, 천재지변, 지옥, 죽음은 본디 무엇이며, 어떻게 구성된 것인가? 요컨대, 두려움에 대한 루크레티우스의 처방은 '사물의 본성'에 대한 탐구다. 이 존재와 자연의 운동 방식을 근원에서부터 이해하는 것. 이것만이 근본적인 치유였고, 루크레티우스에게 그 도구는 에피쿠로스의 자연학이었다.

철학을 의학에 비유하는 것은 헬레니즘 시대의 공통된 문제의식이었다. 물론 고대의 사유에서 정신은 신체와 분리되지 않았기 때문에 고대철학은 기본적으로 섭생·명상·신체 단련 등의 양생술을 포함하고 있었다. 실제로 철학담론과 의학담론은 상당히 닮아 있었다. 하지만 헬레니즘 시기에 이르러서 철학과 의학의 유비는 훨씬 더 전격적으로 이뤄졌다. 왜일까? 그건 아마 그 시기가 아테네가 완전히 몰락하고 마케도니아가 분열된 난세였다는 사실과 관계가 있을 것이다. 사람들은 찢어진 국가들이 먹고 먹히는 전쟁이 끝도 없이 이어지는 시기를 폴리스도, 문화도, 민족성도 상실한 채 살아가야 했다. 이 혼돈 속에서 시급한 일은 동요하는 영혼을 돌보는 일이었다. 때문에 필요한 건 더 이상 수사학이나 형이상학이 아니었다. 에피쿠로스는 말했다. "인간의 고통을 치유하지 못하는 철학자의 말은 공허하다. 몸의 질병을 몰아내지 못하는 약이 무익한 것처럼, 마음의 고통을 몰아내지 못하는 철학도 무익하기 때문이다."에피쿠로스, 『에피쿠로스 쾌락』, 164쪽 에피쿠로스주의와 스토아주의는 모두 정념(pathos)에 지배되는 것을 병으로 인식했으며, 거기서 벗어나기 위한 구체적인 앎의 훈련과 심신의 테크닉을 마련하고 있었다. "철학이 규정하는 자기 실천이 의학적 수술로 인정"되었고, "철학 학파는 영혼의 진료소와 같은 것을 실제적으로 구축한다는 관념이 등장"미셸 푸코, 『주체의 해석학』, 심세광 옮김, 138~139쪽했다. 에피쿠로스가 친구들과 꾸렸던 정원 공동체는 그렇게 삶을 돌보는 철학-치료 집단의 원형이라고 할 수 있다. 영혼의 치유를 위한 그 가르침은 제자들에 의해 이어졌고, 두 세기를 지나 로마로, 루크레티우스에게로 전해졌던 것이다.

하지만 로마는 그리스와는 또 다른 상황이었다. 에피쿠로스의 아테네가 쇠락해 가는 도시국가였다면, 루크레티우스의 로마는 팽창해 가는 제국의 수도였다. 독자적인 생활 공동체를 꾸릴 도시 바깥이라는 공간이 없었다. 그리스에서 에피쿠로스주의는 장인, 소상인, 농부, 여성을 포함한 대중적인 공동체들에서 이어져 왔지만 로마에서는 달랐다. 로마의 에피쿠로스주의는 주로 귀족들의 궁정을 중심으로 학문적 서클의 형태를 띠었으며, 삶의 전반적 돌봄보다는 지적 토론과 향유가 이루어졌다. 로마는 문화의 국가가 아니었다. 전사들에 의해 건설되어 온 군사국가에 가까웠다. 로마인들은 문학, 조각, 건축, 교육, 신화 등 문화라고 할 만한 것들 전부를 그리스에서 수입해 왔다. 철학은 그것들 중 마지막이었다. 기원전 2세기 전후, 헬레니즘 문화가 로마 귀족들의 교양이 되면서 그리스 철학은 소수 엘리트층에게 경쟁적으로 향유되기 시작했다. 저택마다 그리스 출신 선생들이 초청되었고 이곳저곳에 철학 및 문학 서클들이 생겨났다.

루크레티우스는 이런 분위기에서 문학과 철학을 배웠을 것이다. 비록 그가 에피쿠로스를 최고의 스승으로 인정하고 있긴 하지만 찬란한 그리스 문화에 대한 그의 해박함은 상당한 수준이었다. 『사물의 본성에 관하여』는 호메로스와 헤시오도스의 서사시 형식을 따랐고, 엠페도클레스(BC 493~BC 430)와 아낙사고라스(BC 500~BC 428)를 비롯한 자연철학자들의 견해를 비판적으로 수용하고 있으며, 플라톤과 아리스토텔레스는 물론 동시대의 스토아 철학과도 겨루고 있다. 거기에 그리스 신화와 투키디데스(BC 465~BC 400)의 역사와 에우리피데스(BC 480~BC 406)의 비극 등이 참조되고 있다. 이 정도 지적 소양과 그리스어 실력이라면, 당시 로마의 어느 지역에서라도 교사로서 성공하고도 남았을 것이다. 혹은 저술 및 번역 작업을 통해 (비록 공동체의 형태는 아니지만) 의술로서의 철학을 어느 정도 실천할 수 있었을지 모른다. 하지만 루크레티우스는 충분치 않다고 느꼈던 것 같다. 그는 교사가 아니라 시인이 되었고, 에피쿠로스의 소중한 가르침을 산문이 아니라 시로 적었다. 왜 그래야 했을까? 그 힌트를, 루크레티우스가 자기 자신을 규정하고 있는 한 구절에서 얻을 수 있다.

> 사물들의 이 본성과 학문은 최근에야 / 발견되었다, 그리고 나 자신은 이제, 이것을 조국의 소리로 / 펼칠 수 있는 인물들 중 첫째로 발견되었다.(5: 335-337)

'조국의 소리'란 영어로는 'native tongue'이다. 이는 모국어라는 뜻이지만, 문자라기보다는 입말 또는 목소리에 가깝다. 즉 로마인이라면 누구라도 알아들을 수 있는 말소리라는 의미다. 정리하면, 외국어로 된 지혜를 모두가 이해할 수 있는 소리들로 옮기는 첫번째 인물, 이것이 루크레티우스의 자기규정이다. 여기서 '첫번째'라는 강조점에 주목할 필요가 있다. 물론 그보다 먼저 에피쿠로스 철학을 라틴어로 가르친 자들이 있었다. 키케로의 저술에 소개되는 아마피니우스와 라비리우스는 기원전 1세기 초반에 에피쿠로스주의를 강의하고 책도 썼다고 알려진다. 하지만 그들은 산문으로 적었으며 그 번역과 해석은 미숙하고 엉성했다. "이들은 단 하나의 기술도 활용하지 않으면서 눈앞의 사안들을 일상어로 논하고, 어떤 것도 정의하지 않고, 어떤 것도 분류하지 않고, 어떤 것도 연역 논변에 의해 논증하지 않고, 결국 수사학과 변증술 따위는 아무것도 아니라고 생각합니다." 마르쿠스 툴리우스 키케로, 『아카데미아 학파』 1권 5, 양호영 옮김, 아카넷, 2021, 23쪽 키케로는 그들이 철학을 일반 사람들에게 소개하려는 노력에서 결국 아무 말도 하지 못한다고 비난했다. 루크레티우스가 이런 선배들을 몰랐을 리 없다. 어쩌면 그들의 수업을 들었을지도 모른다. 그럼에도 불구하고 '처번째'라는 루크레티우스의 규정은 유효한데, 그 이전의 누구도 자신이 가르치는 철학이 그 예리함을 유지한 채 강단 밖으로 울려 퍼지게 하지 못했기 때문이다. native tongue 으로 옮겼다는 것, 여기에 단절이 있다. 아픈 영혼을 정화하는 귀중한 가르침이 사람들의 귀와 가슴에 가닿도록 만들기. 루크레티우스에게 그 방법은 시였다. 철학을 시로 쓴다는 것, 바로 여기에 루크레티우스의 빛나는 실천성이 있다.

시란 무엇인가? 비유, 은유, 함축, 묘사, 이미지화 등 여러 특징을 댈 수 있겠지만, 시의 본질은 일정한 음보를 가진 노랫말이라는 것이다. 음보를 가진 이상 소리는 리듬을 형성하고 신체를 움직인다. 시는 읽히는 문장이 아니라 낭송되는 노래다. 지금이야 시가 시인에게 소유되고 각자에게 음미되는 활자 예술이 되었지만, 본디 시는 하나의 입에서 여럿의 귀로 퍼져 나가는 노래였다. 리듬으로 구성된 언어는 몸과 무의식에 스며들고 멀리멀리 전달된다. 시는 아주 오래전부터 민중의 기억을 전승하고 또 형성하는 기술이었다. 루크레티우스는 시의 힘을 분명히 알았을 것이고, 그 효과를 필요로 했을 것이다. 그래야만 그가 전달하고자 하는 철학이 소수 특권층의 전유물로 남지 않을 것이며, 심오한 사유와 세련된 논증들이 평범한 사람들에게도 거부감 없이 받아들여질 수 있었기 때문이다.

지혜를 전달하는 방법에는 여러 가지가 있을 수 있다. 플라톤처럼 대화체로 구성할 수도 있고, 스토아 철학자들처럼 편지나 일기로 기록할 수도 있다. 대화체는 유려한 변증술과 논박을 전개하는 데 용이하고 편지는 차분한 설득과 조언에 용이하다. 하지만 이러한 수단에의 접근은 언제나 특정 인물들과 계층들에게만 한정된다. 그런데 루크레티우스가 진단해낸 두려움이라는 정념은 결코 어느 누구에게만 한정되지 않는다. 왕과 노예, 귀족과 거지, 아이와 노인 모두의 문제이며 누구도 거기서 자유롭지 않다. 그러므로 전달의 방법이 바뀌어야 한다. 철학은 다른 옷을 입어야 한다. 철학은 서재를 벗어나야 하고, 파피루스를 떠나야 한다. 노래될 수 있다는 것, 이는 동시에 철학 자체가 달라져야 함을 뜻한다.

마치 치료자들이 아이들에게 역겨운 약쑥을 먹이려 / 할 때,

먼저 잔의 입 테두리를 / 꿀의 달콤한 황금빛 액체로 칠하듯, / 앞 내다볼 줄 모르는 나이가 아이들의 입술에 관해서는 / 속아 넘어가, 그 사이 쓰디쓴 쑥물을 / 마셔 버리도록, 그래서 속지만 해는 되지 않고 / 오히려 그러한 수단으로 원기를 회복하고 건강해지도록. / 그래서 나는 지금, 이 이치가 그것을 다뤄 본 적이 없는 사람들에게는 / 매우 우울한 것으로 보이므로, 그리고 대중이 / 무서워 이것으로부터 물러서므로, 부드럽게 말 전하는 / 피에리아의 노래로 그대에게 나의 이치를 펼쳐 보이고, / 또 말하자면 무사 여신의 달콤한 꿀 입히기를 택하였노라, / 혹시 그 같은 방법들로 해서, 그대가 사물들의 모든 본성을 / 꿰뚫어 보고 그 유용성을 완전히 느낄 때까지, / 그대의 정신을 나의 시행들 속에 붙잡아 둘 수 있을까 하여.(1: 936-950, 4: 11-25)

노래로 불린다고 해서 그것이 쉽게 받아들여지는 것은 아니다. '사물의 본성'을 가르치는 철학은 결코 쉽지 않다. 여기에는 근원에 대한 논리적 추론뿐 아니라, 인식이론과 물리이론이 자리 잡고 있다. 더 큰 문제는 그 낯선 이치들이 우리의 익숙한 관점과 편안한 가치들을 무너뜨릴 거라는 데 있다. 세상이 원자로 되어 있고, 죽음 이후는 없으며, 신들은 무심하고, 우주는 여럿이며 이 세계는 생겨났으니 머지않아 멸망

할 거라는 가르침은 로마인들에게 쇼킹한 소식이었음이 틀림없다. 깜깜하고 허망함을 선사했을지도 모른다. 들뢰즈의 말마따나 철학은 침울하게 한다. 루크레티우스는 이것을 모르지 않았다. 치료라는 비전을 놓지 않는다면, 여기서 시인은 무엇을 할 수 있는가? 온 힘을 다해 이 문장들에 달콤한 꿀을 입히기. 금을 세공하듯 시어들을 다듬고, 비유를 더하고, 신화를 불러오기. 그래서 청자들을 최대한 이 시행들에 붙잡아 두기. "가장 진실한 이치가 그것[미신적 두려움]을 우리로부터 / 멀리 쫓아 버리기 위해서는, (……) 매끈한 말들에 의해 / 치장되어야 한다."(6: 80-83) 이 치장은 어느 정도 속임수이고 수단이겠지만 그 목적은 하나, 사람들이 원기를 회복하고 건강해지는 것이다.

이것이 루크레티우스만의 독특한 장르다. 영웅들의 과거를 찬미하는 서사시도 아니고, 세속의 정념을 노래하는 서정시도 아닌, 자기 영혼의 치유와 돌봄을 위한 철학-시. 그의 철학은 시로서 완성되고, 그의 시는 철학을 담는다. 요컨대 루크레티우스에게 철학은, 그것이 치유를 향하는 한 신체에서 신체로 전염되어 가는 시적 실천이어야 하지 않았을까. 동시에 시란, 다른 이야기보다도 귀중한 지혜를 담아낼 때 가장 예술적인 세공을 요구하는 철학적 실천이 아니었을까.

『사물의 본성에 관하여』는 에피쿠로스의 가르침의 재현

이 아니다. 루크레티우스를 에피쿠로스의 충실한 번역자이자 전달자로만 보는 관점은 많은 것을 놓친다. 그는 스승의 가르침을 들리게 하기 위해, 두들기고 색을 칠하고 덧대고 장식하는 과정을 거쳐 그것에 새로운 차원을 부여했다. 묘사 하나하나, 비유 하나하나를 추가하면서 에피쿠로스라는 악보를 재연주했다. 시적 상상력과 기예로 이루어지는 루크레티우스의 철학하기란 자신과 동시대를 살아가는 사람들을 향한 말 건네기이자, 우리 무두의 영혼의 치유를 위한 번역, 채색, 편곡의 작업이라고 할 수 있다.

　　루크레티우스가 거닐었을 시대와 시도했을 활동들을 추론해 볼수록 그가 친근해지기 시작한다. 한 사람에게 빠져든다는 일은 이렇게 그의 자취를 졸졸 따라다니며 알아 갈 때 일어나는 것일까? 이제 본격적으로 그의 머릿속에 들어가 보고 싶다. 그가 품었던 문제의식은 어떤 사유로 무르익었을까? 그의 쑥물에는 어떤 지혜가 녹아 있었을까? 그의 철학의 베이스를 이루는 사상 원자론을 캐물으면서, 더 진하게 그와의 만남을 시작해 보자.

4화 해빙의 철학, 원자론의 탄생

베누스의 물리학?

『사물의 본성에 관하여』는 서점의 어느 파트에 꽂혀야 할까? 시의 형식으로 적혀 있기에 장르는 문학이겠지만, 한 문장 한 문장이 영혼의 치유를 권한다는 점에서 철학이라고도 할 수 있다. 하지만 텍스트 전반을 채우고 있는 것은 물질세계에 대한 관찰·추론·논증들이기에 과학이라는 분류가 어울리기도 한다. 우주의 운행과 존재의 원리를 '자연의 이치'로부터 밝혀 보이겠노라는 루크레티우스 자신의 선언을 고려한다면, 시의 핵심 테마는 물리학(phusis)이다. 다만 이 물리학은 언제나 삶의 변형 및 돌봄이라는 윤리적 비전에 봉사하고 있음을 잊어서는 안 되지만 말이다. 어쨌든 이 책을 자연과학 코너에 비치해 뒀다고 해보자. 하지만 첫 장을 펼쳐 보는 순간 또 갸우뚱하게 된다. 이 물리학 서적이 '베누스'(Venus) 여신에 대한 열렬한 찬가로 시작하고 있기 때문이다.

아이네아스의 후손들의 어머니시여, 인간과 신들의 즐거움이시여, / 생명을 주시는 베누스시여, 당신은 하늘을 미끄러지는 별들 아래 / 배들을 나르는 바다와 곡식을 가져오는 땅들을 / 그득하게 채워 주십니다. 당신으로 인하여 목숨 가진 것들의 모든 종족이 / 수태하며, 생겨나 태양빛을 보러 오니까요.(1: 1-5)

자연학의 관점에서 이 책에 처음 접근했던 나는 이 별난 서두를 별다른 의문 없이 넘겼다. 고대의 시라는 장르가 으레 취하는 도입 형식이겠거니 했다. 하지만 가만 생각해 보면 의문스럽다. 찬미, 그것도 베누스 찬미라니? 루크레티우스는 사랑의 정념을 극히 경계하지 않았던가? 그리고 굳이 찬미를 하겠다면, 우주를 주관하는 최고 신 읍피테르(Jupiter)도 있고, 로마의 국부이자 전사적 정신의 상징, "무기를 지배하는 마르스(Mars)"(1: 32)도 있다. 실제로 제국을 향해 팽창하던 당시의 로마에는 마르스 신전과 기념비가 곳곳에 건립되었고, 축제와 예술에서도 마르스가 널리 숭배되었다. 그럼에도 이 시집 전체가 베누스에게 헌정된 이유는 무엇일까? "생명을 주시는 베누스시여"라는 첫 문장에서 알 수 있듯, 루크레티우스에게 베누스는 단순한 사랑의 신이 아니라 만물을 생식시키고 잉태시키고 성장시키는 원초적 에너지다. 그 힘이 무력과 다툼의 힘인 마르스를 굴복시킨다. 베누스와 더불어 달콤한 꽃들이 피어나고 봄날의 얼굴이 드러난다. 그렇지만 이 모든 게 뒤이어 전개되는 그의 자연학, 곧 '사물의 본성'에 대한 가르침들과 무슨 상관이 있을까?

루크레티우스 사상의 근간은 원자론이다. 세계는 더 이상 나눠지지 않는 알갱이들과 허공으로 이루어져 있다. 사실 우리에게 이 아이디어는 별로 대단할 것 없어 보인다. 이미 진부한 상식이자 팩트이기 때문이다. 지금의 원자는 교과서에 나오고, 종종 고립된 개개인의 이미지와 함께 연상되기도 하며, 각종 산업이나 에너지 생산에 이용된다. 우리에게 원자는 입증되고 관찰되고 응용되는 과학적·공학적 대상이다. 하지만 고대인들에게 원자는 치열한 질문과 논쟁으로 도출된 사유의 산물이었다. 원자론은 세상을 바라보고 해석하는 하나의 관점 혹은 입장이었다. 다른 무엇이 아니라 원자로부터 우주를 설명해 낸다는 것은, 다른 개념체계를 가진 자와는 전혀 상이한 현실을 구축하는 일이었다. 만물 안에서 수數를 읽어내는 자들, 운동 뒤에서 부동의 실체를 추상해 내는 자들, 사물들을 4원소의 조합으로 보는 자들에게 세계는 동일할 수 없었다. 이런 점에서 고대철학에서는 어떤 자연학적 앎을 지니느냐에 따라 감각의 방식도, 가치의 목록도, 생활의 양식도 다르게 형성되었고, 그 역도 성립했다.

그렇다면 질문해 보자. 고대의 원자론은 세계를 어떻게 바라보고자 하는 시도였을까? 그것은 어떤 해석 방식과 대결하고 있을까? 베누스 찬가의 미스터리는, 원자론이 탄생한 자리를 짚어 보는 과정에서 풀릴 수 있을 것이다.

겨울 왕국이 도래하다

'일어나는 현상들은 왜 그렇게 일어나는가?' '사물들을 이루는 근본적 물질은 무엇인가?' '어떤 것은 어떻게 다른 것이 되는가?' 그리스 최초의 철학은, 신화에 기대지 않고 자연현상의 원인들에 대해 묻고 답하는 시도들과 더불어 시작되었다. 기록이 부족하긴 해도 고대인들이 품었던 질문의 깊이와 사고의 스펙트럼은 아주 심오하다. 교과서에서처럼 물=탈레스(BC 625경~BC 547경), 무규정자=아낙시만드로스(BC 610~BC 546), 공기=아낙시메네스(BC 585~BC 525), 수=피타고라스(BC 570~BC 495)라고 도식화될 수는 없다. 각각의 철학은 모두 고유한 문제의식과 개념체계 위에 있었고 고유한 과제들을 갖고 있었다. 다른 중심을 갖는 원들처럼 서로 영향을 받고 경합을 벌이며 공존했다. 그렇기에 고대의 사유들은 결코 단순 비교될 수 없으며 시간에 따른 직선적 발전 모델로 다뤄져서도 곤란하다.

그럼에도 불구하고 단순화의 위험을 무릅쓴다면, 이들 철학을 세계를 바라보는 두 경향으로 나누어 볼 수 있다. '존재'에 초점을 맞춘 쪽과 '생성'에 초점을 맞춘 쪽. 무언가가 '있다'는 사실에 주목했던 이들과 모든 것은 '변한다'는 사실에 관심을 기울였던 이들. 사유들의 경합과 혼합 속에서 두 경향은 반복되었다. 우리가 찾으려는 원자론은 후자에 속했지만 전자를 부정하지는 않았다. 그것은 모든 것이 얼어붙은 엄혹한 겨울에 태어난 새순 같은 사유였다.

BC 5세기, 자연학은 거대한 빙벽 앞에 놓여 있었다. 흐르는 강, 자라는 싹, 순환하는 계절이 모두 감각적 기만으로 여겨질 위험에 처해 있었다. 변화라는 것은 불가능하고, 지각되는 경험세계 모두가 '가상의 속견'으로 치부될 처지에 놓인 것. 엘레아(Elea)학파의 파르메니데스(BC 510경~BC 450경)는 '존재'란 무엇이어야 하는지에 대한 생각을 끝까지 밀어붙인 끝에 세계를 얼려 버렸다. 그는 이렇게 가르쳤다. '있는 것'은 무엇인가? 첫째, 있는 것은 있지 않을 수 없다. 고로, '있지 않은 것'은 있을 수 없다. 둘째, 있는 것은 우리가 파악할 수 있다. 즉 상상되고 말해지는 것은 있어야 한다. 정리하면, 있음의 반대는 없음이고, 없는 것은 존재 불능하므로 상상될 수도 말해질 수도 없다. 편의상 있지 않은 것, 없음, 비존재, 무無라고 표현은 했지만 그렇게 말에 담길 수조차 없다. 숨어 있지도, 잠재적이지도, 과거나 미래에 있지도 않다. 전적으로 없다. 고로, '있는 것'만이 있다. 다시 말해 세계는 전적으로 유有다

언뜻 당연해 보이기도 한다. 그러나 논리의 무서움은 이 당연함에 있다. '있는 것'은 결코 '있지 않은 것'이 아니기에, 즉 '있지 않은 것'은 실현 불가능한 것이다. 그렇다면 그 어떤 것이 다른 것이 되는 일은 불가능해진다. 왜냐하면 '변한다'는 사건은 무언가 사라지고 다른 것이 생겨나는 일인데, 그건 '있는 것'이 '있지 않은 것'이 되는 사태와, '있지 않은 것'이 '있는 것'이 되는 사태를 전제하기 때문이다. 변화하기 위해서는 존재가 중단되고 다른 존재로 되어야 한다. 그러나 존재의 중단을 가져오는 것은 '있지 않음'인데, 있지 않음에서 있음이 생긴다는 건 말이 안 된다. 즉 변화라는 것은 논리의 모순이다. 마찬가지로 운동도, 생성도, 소멸도 모순이다.

하지만 현실은 다르지 않느냐고? 과일이 익고, 새가 날고, 시체가 썩는 걸 두 눈으로 똑똑히 보고 있다고? 파르메니

데스는 말한다. "있지 않은 것들이 있다는 것이 결코 강제되지 않도록 하라. (……) 습관이 그대를 많은 경험을 담은 이 길로 가도록, 즉 주목하지 못하는 눈과 잡소리 가득한 귀와 혀를 사용하도록 강제하지 못하게 하라." 『소크라테스 이전 철학자들의 단편 선집』, 김인곤 외 옮김, 아카넷, 2005, 279쪽 논리에 집중하라. '존재'란, 완벽하게 연속적이고, 균일하고, 생성되거나 소멸되지 않아야 한다. 현상들로 가득 찬 경험세계를 뛰어넘어 현존하는 영원하고 부동한 하나-존재. 파르메니데스는 예리한 이성과 논리의 길을 따라 차갑게 식어 버린 '일자'一者의 세계를 사유했다.

원자론의 창시자 레우키포스(BC 440 무렵)와 데모크리토스(BC 460경~BC 380경)가 시작해야 할 자리는 이런 얼음 왕국이었다. 여기선 단지 '모든 것은 변한다'라고 말하는 것으로는 불충분했다. 헤라클레이토스(BC 535~BC 475)가 만물은 유전한다고 선언한 지도 한 세기가 흐른 후였다. 세계를 상승하고 하강하며 타오르는 불로 비유했던 그는 '하나는 여럿이고, 여럿은 하나'이며 '존재가 생성과 다르지 않다'는 역설적인 아포리즘들을 던졌으나, 그런 단편적인 직관만으로는 꽁꽁 얼어 있는 논리의 벽을 흔들 수 없었다. 통찰은 뛰어났을지언정 원리는 빈약했고, 묘사는 있었으나 설명은 없었다. 불꽃으로는 빙하를 녹일 수 없다.

논리로 얼어붙은 이 겨울 왕국에서 어떻게 빠져나올 것

인가? 우리의 체험이 환영이자 허구로 전락하게 내버려 둬서는 안 되지 않겠는가? '변한다'만을 강조할 것이 아니라, 그 변화가 어떻게 존재에 반하지 않으며 실재하는지를 드러낼 메커니즘과 원리가 필요하다. 불도 얼음도 아닌 세계의 다른 이미지-개념이 필요하다. 그리고 그것은 얼음벽을 파고들어 무너뜨릴 만큼 충분히 세심한 논리를 갖춰야 한다. 물질세계와 감각을 긍정하기 위해서라도 우리에게는 더 정교한 사유가 필요하다. 원자론의 사유는 이 절실함 속에서 싹텄다.

원자론의 씨앗들

겨울이 길어도 땅속의 씨앗까지 얼리지는 못하듯, 파르메니데스 이후로도 변화와 운동에 대해 질문하고 답하기를 놓지 않아 온 사람들이 있었다. 그들은 각자의 방식으로 다채로운 사물들의 나타남과 사라짐, 달라짐과 지속됨의 이유들을 제시하고 개념들을 발명했다. 만물을 이루는 근본 물질인 원질(아르케)이 주장되기도 했고, 그것들이 변화하는 메커니즘이 제시되기도 했다. 선배 자연철학자들의 개념들은 유용한 자산이었다. 훗날 루크레티우스는 그 뛰어난 성취에 경의를 표한다. 그들은 "많은 것들을 잘, 신과도 같이 발견하고 / 가슴속

지성소로부터인 듯 답변을 주었으며, / 이 답들은 퓌티아가 포이부스의 세발솥과 월계수로부터 예언하는 것보다 / 더 신성하고 더 확실한 이치를 따른 것이었"(1: 736-739)다. 하지만 그 가르침들은 논리의 시험 앞에서 몇 가지 모순을 드러내 보였다. 원자론은 앞선 철학들의 유산들을 흡수하고 디딤돌 삼으며 싹텄고, 그것들의 한계를 질문하고 논박하며 무르익었다.

만물이 물 또는 불 또는 공기 같은 하나의 원질로 이뤄져 있다는 단일론의 사유는 몇 가지 문제에 부딪힌다. 우선 질적 변화의 문제. 이미 하나의 속성을 갖는 것이 어떻게 전혀 다른 속성의 물질을 낳을 수 있을까? 아낙시메네스나 헤라클레이토스 같은 단일론자들은 현명하게도 '조밀화와 희박화'라는 메커니즘으로 설명했다. 즉 밀도의 차이가 모든 것을 낳아, 불이 물이 되고 공기가 돌이 되게 할 수 있다는 것. 하지만 루크레티우스는 이를 꼬집는다. 그럼 원질로서의 불은 변화해서 그 본성을 잃는가, 유지하는가? 잃으면 원질이 아닐 터이고, 유지하면 다른 속성일 수 없다. "만일 불의 부분들이 불 전체가 갖는 것과 마찬가지로 / 똑같은 본성을 가진다면, 뜨거운 불이 조밀하게 되건 / 희박하게 되건 아무 득이 없을 터이니 말이다. / 부분들이 함께 모이면 열기가 더 강할 것이고, / 나뉘고 흩어지면 그보다 약해질 뿐일 테니까."(1: 647-651) 정도의 차이로는 질적 다양성이 설명될 수 없다. 강약의 차이만 있을 뿐 그 원질의 본성이 지속될 테니까. 만일 그 본성이 아주 사라져 버린다고 한다면, '있는 것'이 '있지 않은 것'이 된다는 모순에 빠질 것이다. 사실 이는 원질 자체에 특정한 속성이 전제된다는 데에서 생기는 오류다.

다음으로 희박화-조밀화라는 메커니즘 자체에 대한 문제. 여기엔 원리가 없다. 변화를 해명하는 개념이지만 그 개념이 해명되지 않는다. 사실상, 어떤 것이 희박해진다는 일은 어떻게 가능한가? 물이 증기가 되고 돌이 먼지가 되는 일, 즉 무언가가 희박한 무언가로 될 수 있으려면 어떤 조건이 필요한가? 그것은 빈 공간이다. "사물들에게 빈 공간이 제거되면 모든 것이 / 조밀하게 되고, 모든 것에서 하나의 몸체가 만들어진다."(1: 660-661) 빈 공간이 인정되지 않으면 밀도의 변화란 불가능하며, 세계는 다시 '일자'로 통합될 위험에 놓인다.

다른 길은 없을까? 또 다른 쪽에는 다원론자들이 있다. 그 선구자는 루크레티우스가 에피쿠로스 다음으로 존경을 표했던 그리스의 철학-시인 엠페도클레스다. "실로 그의 신적인 가슴으로부터 노래들이 / 소리 되어 나오고, 그의 영광스런 발견들을 드러내도다, / 그가 거의 인간 줄기에서 생겨난 사람이 아닌 듯이 보일 만큼."(1: 731-733) 그는 물, 불, 흙, 공기라는 네 원소가 사물의 근원이라고 여겼고, 변화는 원소들의 '결합과 해체'라고 말했다.

> 엠페도클레스를 따르는 이들에 의하면 도대체 변화(tropos)
> 란 어떤 것인가? 변화란 벽돌들이나 돌들로 벽을 쌓는 것과
> 같은 결합(synthesis)일 수밖에 없다. 이와 같은 혼합은 [항시]
> 보존되는 원소들로부터 원소들의 작은 조각들이 서로 나란
> 히 놓여서 형성된다. 이런 식으로 살도 생겨나고 다른 각각
> 의 것들도 생겨난다.(아리스토텔레스) 『소크라테스 이전 철학자들의 단
> 편 선집』 354~355쪽

벽을 쌓아 가는 벽돌들, 항시 보존되는 원소들, 나란히 놓
인 조각들. 다양성의 생성이 기본적인 단위들의 결합에 의해
이뤄진다는 아이디어는 초기 원자론자들에게 매력적으로 들
렸음이 분명하다. 결합-해체의 메커니즘은 있음/없음의 이분
법에 빠지지 않고 생성소멸을 설명할 수 있는 탁월한 모델이
었다.

하지만 문제는 남아 있었다. 루크레티우스는 다원론자
들이 빛나는 발상을 남겨 주었지만 "사물들의 기원과 관련해
서 그들은 파탄을 이뤘으며"(1: 740) 추락해 버렸다고 말한다.
이 문제는 사물들의 기원에 속성을 전제했다는 데서 생겨난
다. 다채로운 사물들은 어떻게 발생하는가? 단일론자들이 한

원질의 '희박화와 조밀화'를 제시했다면 다원론자들은 여러 원소들의 '결합 비율'을 제시했다. 물, 불, 흙, 공기 4원소가 항상 모여 있지만 그 성분비의 차이부터 사물들의 모든 질적 다양성이 결정된다는 것. 하지만 그럴까? 그렇다면 "실로 4원소 각각이 그저 다양한 부피의 모임 속에서 자신의 / 본성을 보일 것이어서, 공기는 흙과, / 불은 이슬과 섞여 공존하는 상태로 관찰될 터이다."(1: 775-777) 원소들이 변함없이 본성을 지닌 채 존속된다면, 그것들은 어떻게든 드러나야 마땅하다. 하지만 불을 아무리 나눠 보아도 물이 발견되지 않으며, 흙을 아무리 쪼개도 공기가 발견되지 않는다. 근본 원소를 네 개 이상으로 무한정 늘려서, 아낙사고라스처럼 '모든 것이 모든 것 안에 부분으로 들어 있다'고 주장한다 해도 소용없다. 그렇다면 곡식을 돌절구로 갈았을 때 피가 나와야 하고, 풀을 갈면 양들의 젖이 나와야 할 것이다(1: 881).

원자론자들은 물었다. 도대체 사물의 기원에 속성이란 게 있을 수 있을까? 어떤 속성들이 혼합되어 다른 속성들이 된다면, 앞의 그 속성은 사라진 것인가 남아 있는 것인가? 사라졌다면, 즉 '없는 것'이 되었다면 '있는 것'으로서의 원질의 정의에 어긋날 테고, 남아 있다면 '있는 것'이므로 그 본성이 항상 드러나 있어야 한다. 어느 쪽에도 파르메니데스의 그림자가 드리워진다. 루크레티우스는 다원론이라는 발상이 거꾸로 되어 있음을 지적한다. "모든 것이 네 가지 사물로부터 생겨난다면 / 그리고 모든 사물이 그것들로 다시 분해된다면, / 어떻게 저것들이 사물들의 기원이라고 말해질 수 있겠는가, / 오히려 거꾸로 사물들이 저것들의 기초라고 생각되기보다?"(1: 763-766) 물, 불, 흙, 공기의 본성은 근본이 아니라 표면일 것이다. 하나든 넷이든 여럿이든, 속성들 역시 사물들의 무궁한 변전 속에서 나타난 효과다. 그들은 그렇게 결과로서 감각된 현상들 중 특별하다고 여겨지는 몇 가지를(이는 아마도 신화의 영향일 것이다) 원인으로 역추적해 소급 적용한 것이다!

루크레티우스는 이들이 "감각에서 출발하였으면서도 감각에 대항해 싸우고 있"(1: 693)다고 말한다. 경험 세계의 관찰에 기초를 두고 있지만, 단 몇 가지 성질로 감각되는 다른 모든 성질들을 환원하려고 했기 때문이다. 그렇다면, 감각 경험을 온전히 긍정한다는 건 뭘까? 감각된 지각들을 실체화하는 일은 아닐 것이다. 다른 감각 영역을 배제할 테니까. 또한 질적 변환의 딜레마에 빠질 테니까. 감각 경험들을 하나 혹은 몇 개의 속성으로 덮어 버리는 게 아니라, 감각되는 다양한 성질들의 원인이 되지만 어느 하나로 환원되지 않는 원리를 추상해 낼 필요가 있다. 우리의 촉각적 경험과 비슷하지 않고 그것에 닿을 수 없는 사물들의 최소치. 속성을 갖지 않는 그러나 그것들의 결합이 모든 속성을 이루는 사물의 기원. "그것들은 순서를 바꾸어 사물의 본성을 / 변화시키되, (……) 우리의 촉각에 / 닿을 수 있는 그 어떤 사물과도 비슷하지 않다."(1:686-689)

고로, 사물의 기원은 사유될 수만 있는 것이다. "기원들은 숨겨지고 / 보이지 않는 본성을 지니고 있어야 마땅하다."(1:778-779) 보이는 세계를 설명하기 위해서라도, 보이지는 않지만 더 나눠질 수는 없는 것이 존재해야 한다. 이 원자라는 개념은 추상과 논리를 요구하지만, 그것은 어디까지나 변화하는 세상을 모순 없이 설명해 내고 감각을 온전히 긍정해 내기 위해서다.

허공, 존재의 성벽을 허물다

'이이제이'以夷制夷라고 했던가. 파르메니데스라는 강적과 싸우기 위해서는 그의 방법을 최대한 활용해야 한다. 논리에는 논리로 대적한다. 다만 정반대의 목적을 갖고서. 필요한 건 더 세심하고 세련된 개념들이다. 그 도구들로 빙벽의 안쪽에서부터 붕괴시켜 나가는 전략이 필요하다. 실제로 데모크리토스의 스승 레우키포스는 파르메니데스에게 배웠다고 전해지며, 그의 사상과 같은 뿌리에서 출발했으나 전혀 다른 결론으로 나아갔다. "엘레아 사람 또는 밀레토스 사람 레우키포스는 파르메니데스와 철학적 교분을 나누었지만, '있는 것들'에 관해 파르메니데스나 크세노파네스와 같은 길을 가지 않고 반대의 길을 갔던 것으로 보인다."(심플리키오스)『소크라테스 이전 철학자들의 단편 선집』 534쪽

파르메니데스와의 반대의 길이란, 감각 경험에 대한 긍정이요, 변화와 운동과 다양성에 대한 긍정이다. 그리고 그 긍정에는 단순한 주장이 아닌 '설명', 즉 논리를 갖춘 일련의 개념체계가 수반되어야 한다. "레우키포스는 감각에 일치하는 것들을 실재한다고 주장하면서, 생성도 소멸도 운동도 또 있는 것들의 다수성도 부정하지 않는 설명(logoi)을 자신이 가지고 있다고 생각했다."(아리스토텔레스)앞의 책, 543쪽

원자론자들은 자연철학의 기본 원칙인 인과법칙에서 출발한다. "어떤 것도 아무렇게나 생겨나지 않는다. 오히려 모든 것은 이치에 따라서, 그리고 필연에 의해 생겨난다."(아에티오스)앞의 책, 555쪽 무에서는 어떤 것도 생겨나지 않는다. 유는 무로 돌아가지 않는다. 이는 파르메니데스 성벽의 주춧돌이 되는 논의였다. 그러나 돋보기를 들이대 보자. 있음/없음의 문제 앞에서, 파르메니데스는 '있는 것'의 절대성을 강조하면서 '있는 것'의 반대와 부재를 동일시했다. 즉 '있음이 아님'과 '있음이 없음'이 똑같이 취급된 것이다. 그 바람에 '존재하지 않

음'無과 '비어 있음'虛이 같은 것으로 묶여서 추방되어 버렸다. 하지만 있음의 부정은 아무것도 남기지 않는 '존재 불가'이자 '사유 불가'인 반면, 있음의 부재에는 '빈 자리'가 남는다. '빈 자리'는 사유될 수 있다. 그러므로 그것은 존재할 수 있다. 언어만 놓고 보면 헷갈리니, 대상을 생각해 보자. '사과가 있지 않다'와 '사과의 있음이 없다'는 같은가? 전자는 사과가 실재하지 않는 세계의 상태를 말하며, 후자는 사과를 이루었던 것들이 부재함을 말한다. '~이 아니다'와 '~이 없다'. 원자론자들은 부정과 부재 사이의 이 미묘한 뉘앙스 차이에 집중했다. 그리고 무언가의 '있음이 없음', 즉 비어 있음의 실재성을 인정했다. 그것은 물질성이 없다는 점에서 비존재인 것은 맞지만, 그 비존재가 반드시 실재하지 않아야 하는 것은 아니다. 원자론자들은 말했다. 허공은 물체 못지않게 실재한다!

> 데모크리토스는 "어떤 것이 아무것도 아닌 것보다 더 있지 않다"라고 규정하면서 '어떤 것'을 '물체'라고 부르고, '아무 것도 아닌 것'을 '허공'이라고 불렀는데, 이것도 일종의 자연 (physis)이며, 그 나름의 존립을 가진다고 생각했기 때문이다.(플루타르코스)앞의 책, 548쪽

허공이 존재한다. 이제 무슨 일이 벌어지는가? '있음'만

으로 채워져 꽝꽝 얼어붙었던 성벽이 산산이 부서진다. '있음'의 틈새로 '비어 있음'이 촘촘하게 파고 들어온다. 일자는 다자로, 무수히 많은 다자로 분리된다. 허공은 존재를 존재'들'로 만들었다. 일자는 원자'들'이 되었다. 하지만 그렇다고 해서 파르메니데스의 존재에 대한 사유가 무시된 건 아니다. 일자와 마찬가지로 원자도 영원하고 불변하고 쪼갤 수 없다. 단지 무수히 많을 뿐이다. 그러나 그 결과, 세계는 완전히 달라졌다. 여기서는 운동도 변화도 생성도 소멸도 가능하다. 또한 속성 변환의 딜레마도 없다. 원자들은 형태, 크기, 무게 외에는 어떤 특질도 갖지 않기 때문이다. 색, 소리, 냄새, 맛, 질감은 모두 원자들의 결합되는 방식, 즉 '놓임새'에 의해 매번 다르게 형성되는 효과다. 마치 그 자체로는 무의미한 알파벳들이 일정한 조합을 이루어 다양한 소리와 의미를 만들어 내는 것과 같다. 허공 속에서 마주치고 얽히고 풀리는 원자들. 이들의 이합집산이 삼라만상을 빚는다.

원자가 존재하고, 허공이 존재한다. 그와 더불어 원자들의 만남이 존재한다. 이 세 가지만이 '존재'다. 영원하고 불멸하는 진리다. 그러나 이 존재 개념은, 역설적이게도 우리가 보는 모든 다채로운 사물들의 지속되는 변전을 설명한다. 현상들은 임시적이고 필멸하지만 여기에는 어떤 부정도 비하도 없다. 생을 받아 존속되는 모든 것은 원자들의 중단 없는 모임과 흩어짐이라는 흐름 위에 있다. 태어남도 살아감도 죽음도 마찬가지다. 다시, 만물은 유전한다. 그렇게 관측해서가 아니라 원자와 허공이라는 개념으로 사유한 결과다. 원자론은 '해빙'解氷의 철학이다.

클리나멘과 '봄의 제전(祭典)'

한 가지 문제가 남았다. 레우키포스와 데모크리토스의 원자론은 부동의 세계를 유동하는 세계로, 일자의 빙벽을 운동하는 원자들의 이합집산으로 바꿔 놓았다. 하지만 그렇게 쉼 없이 흐르는 세계조차 다시금 차갑게 식을 위험이 남아 있었다. 그 문제는 원자들의 '만남'이라는 사건을 둘러싼 디테일한 사유를 요청했다.

　　초기 원자론자들은 '사물의 본성'에 관한 문제를 풀어냈다. 하지만 '운동의 기원'에 대한 문제에 대해서는 깊이 고심하지 않았다. 어쩌면 그럴 필요성을 못 느꼈는지도 모른다. 허공의 존재를 규정하고 허공 속 원자들의 충돌을 상정한 것만으로 충분했던 것이다. 고로 왜 운동하냐는 물음에 대한 대답은 '원래부터 그랬다'였다. 그리고 그 '원래'는 시작을 알 수 없는 '소용돌이'(dine)였다. "회오리는 모든 것들의 생성의 원인

이기 때문인데, 그는 그것을 필연이라고 부른다."디오게네스 라에르

티오스, 『유명한 철학자들의 생애와 사상 2』, 김주일 외 옮김, 나남, 2021, 262쪽

그러나 후대 원자론자들에게는, 특히 결정론적 운명에 맞서 인간의 자유를 고민했던 에피쿠로스와 같은 철학자들에게 이 설명은 충분치 않았다. 원자들이 처음부터 그저 운동해 왔기 때문에 '저절로' 운동하고, 충돌 때문에 서로 결합되고 해체된다면, 우주는 너무나 수동적이지 않은가? 관성과 외부 원인에 의해 기계적으로 움직이는 '당구공 우주'가 우리 영혼의 해방에 무슨 도움이 되는가? 이런 우주는 모든 만남을 예정된 것으로, 필연의 사슬로 몰아갈 위험이 있다. 형태와 양상에서 무수한 다양성을 갖긴 하겠지만, 무한한 시간 속에서 보면 이 순간의 패턴은 이전 순간의 패턴에서 따라 나온 것이며, 마찬가지로 다음 순간의 패턴을 결정할 것이다. 그 안에서 직선으로 움직이는 원자들은 예정된 것들과 충돌하고 예정된 방향으로 또 나아갈 것이다. 이렇게 기계장치처럼 맞물리는 우주는 사실상 새로운 것이라고는 일어나지 않는 결정론의 세계다. 이것은 해방이 아닌 체념을 가르칠지도 모른다. 다른 원리가 필요했다. '변화'를 해명하는 일에서 원자와 허공이라는 개념이 창안되었듯, 이번에는 우발적인 '만남'의 발생을 설명할 다른 개념이 절실했다.

아리스토텔레스는 데모크리토스가 운동에서 최초 원인

을 따지는 문제를 경솔하게 건너뛰어 버렸다고 질책했는데, 루크레티우스는 이 지적을 알고 있었을 것이다. 그는 모든 것이 환원되는 아리스토텔레스식의 제1원인에도, '원래 그랬다'를 반복하는 데모크리토스식의 소용돌이에도 빠지지 않고 기원의 문제를 해명해야 했다.

루크레티우스는 '태초'를 상상해 본다. 이 태초는 시간적이기보다는 개념적인 시원始原이다. 원자는 무게를 자신의 본성으로 갖고 있으니, 최초의 원자들은 낙하 운동을 하고 있을 것이다. "마치 빗방울들처럼, 깊은 허공을 통하여 떨어질 것이고, / 충돌도 생기지 않았을 것이고, 타격도 일어나지 않았을 것이다, / 기원들에게는. 그래서 자연은 아무것도 창조하지 못했을 것이다."(2: 222-224) 정태적이고 고요한 우주. 프랑스의 철학자 미셸 세르(Michel Serres, 1930~2019)는 이 직선적 흐름을 유체역학적 용어로 '층류'層流(laminar flow)라고 표현했다. 이 평행한 단층적 흐름에서는 아무리 시간이 흘러도 새로운 무언가가 생기지 않는다. 같은 것이 계속 반복될 뿐이다. 즉 층류는 불모이고 불임의 운동이다.

하지만 우리가 보고 듣고 느끼는 실제 세계는 어떠한가? 늘 무언가가 생기고 사라지는, 마주침과 어그러짐의 발생이 항존하는 세계다. 요동을 내재하고 있는 흐름, '난류'亂流(turbulent flow)다. 현실에 실재하는 모든 흐름은 난류다. 가끔

씩 정적인 흐름을 보이지만 또다시 균열이 나고 떨림이 인다. 직선은 없다. 직선은 임시적이고 잠정적인 현상일 뿐이며, 모든 선은 미세하게 엇나가는 불연속을 품고 있다. 고로, 시원으로 가정된 층류는 난류의 한 단면이며 곧 찾아올 요동에 의해 다른 질서, 다른 패턴, 다른 구조로 접어들 것이다. 소용돌이는 결코 최초의 거대한 시초가 아니며, 아주 작은 차원에서 항상 발생하는 나선형의 '소용돌이들'이 늘 있어 왔다.

루크레티우스는 이 항존하는 찰나적 요동들에 주목했다. 우리가 사유할 수 있는 것보다 더 미세한 시간적·공간적 규모에서 벌어지는 이 요동이 평행하게 흐르는 원자들이 우발적으로 만나게 하는 원인이다. 그것만이 모든 생성을 설명할 수 있는 원리이자 키워드였다. 그리고 요동을 일으키는 힘은 외부의 누군가가 아니라 사물의 본성에 내재하는 것이어야 했다. 복잡계에 늘 있는 것이 미시계에 없다면 무에서 유가 나오는 셈이 되므로! 연장의 최소치인 원자에는 나선 운동의 최소치가 포함되어야만 한다. 그리하여 루크레티우스는 사물의 가장 깊은 곳, 원자 차원에서 일어나는 이 미시적 자기 운동을 '클리나멘'(clinamen)이라고 불렀다.

이 주제와 관련해서 이것도 그대가 알기를 원하노라, / 즉 물체들이 자체의 무게로 인하여 허공을 통하여 곧장 아래로

/ 움직이고 있을 때, 아주 불특정한 시간, / 불특정한 장소에서 자기 자리로부터 조금, / 단지 움직임이 조금 바뀌었다고 말할 수만 있을 정도로 비껴났다는 것을.(2: 216-220)

　원자들은 아주 작은 수준으로 이전의 경로에서 비껴난다. 이 이탈이 예정되지 않았던 마주침을 낳고, 곧 다른 방식의 결합, 충돌, 얽힘, 배치를 낳는다. 어떤 일이 발생한다는 것, 어떤 운동이 개시된다는 것은 바로 이런 사건으로부터다. 개념적 평행은 이 항구적 기울어짐 운동에 의해 깨질 수밖에 없고, 그때마다 무언가가 탄생한다. 불임의 층류를 잉태(conception)시키고 충만한 난류로 바꾸는 것은 클리나멘이라는 개념(concept)이다. "여성성의 클리나멘에 의해 원자들의 수태가 지속된다." Michel Serres, *The Birth of Physics*(1977), trans. Jack Hawkes, Clinamen Press, 2000, p.39 만물의 창조력으로서의 클리나멘이라는 사유는, 놀랍게도 현대물리학이 밝혀낸 우주 발생의 기원에 대한 설명과 매우 흡사하다. 끊임없이 반짝이는 '약간의 편차', 그것이 모든 것을 태어나게 해왔다.

　특히 흥미로운 문제는 초기 우주의 균일한 밀도에서 나타나는 약간의 편차의 크기이다. 그 편차에서 처음에는 은하들이 태어났고, 그런 다음 별들 그리고 마지막으로는 우리들이 태어나게 되었다. 불확정성의 원리는, 입자의 속도에 약간의 불확실성이나 요동이 있었을 것이 분명하기 때문에, 초기 우주가 완전히 균일할 수 없었음을 암시하고 있다.스티

브 호킹, 『그림으로 보는 시간의 역사』, 김동광 옮김, 까치, 2021, 179쪽

루크레티우스는 원자론에서 출발하지만 결코 원자론에서 그치지 않는다. 그는 원자들을 수동적인 알갱이들로 남겨 두는 것이 아니라 생성의 힘을 내재한 충만한 흐름의 원인들로까지 끌어올린다. 그는 원자론을 기계 법칙의 역학, 운명의 사슬, 불임의 결정론에서 꺼낸다. '존재하는 것들은 어떻게 연속되면서도 다른 것이 되어 가는가?'라는 질문으로 운동의 지속성을 복권시키고 변화의 무한성을 철저하게 탐구하는 것이 초기 원자론자들의 과제였다면, 루크레티우스는 '사물들이 어떻게 이토록 다채롭고 활기 있게 펼쳐지는가?'라고 물으며 창조성과 충만성의 내적 원리를 해명하는 일을 과제로 삼았던 것이다. 그와 함께 모호했던 우주발생론이 정리되었으며 매 순간의 끝없는 생성이 긍정되었다. 루크레티우스는 데모크리토스의 빠진 퍼즐을 맞춰 주었고, 그가 녹인 얼음물에 달콤함과 따뜻함을 불어넣어 주었다. 자연이 그 자신만으로 충분한 봄의 샘물이 되도록.

다시 처음의 질문으로 돌아가자. 자연학 서적 『사물의 본

성에 관하여』의 첫 장에서는 왜 베누스가 찬미되는가? 왜 샘물과 꽃과 출산이 노래되는가? 어쩌면 너무나 당연한 일이다. 우주와 존재를 논하는 자연학 개념들이 만물의 발생과 탄생의 원리를 함축하고 있기 때문이다. 그 개념들은 역학을 넘어 그 이전의 마주침을 보게 하고, 질서를 넘어 그 이면의 요동을 사유하게 한다. 그리고 만남의 원리와 비껴남의 원리는 다른 곳이 아니라 자연 자체에 있다. 사물의 본성들이 추는 작은 춤 이것이 우주 구석구석에 봄의 에너지를 불어넣는다. 그런 점에서 루크레티우스는 자신의 시를 충만하고 관능적인 생성의 쾌락, '볼룹타스'(voluptas)의 상징인 베누스에게 바쳤던 것이다. 루크레티우스의 원자론은 해빙의 철학이자 베누스의 물리학이다.

2부 여름

좌충우돌,
배우고 익히는 중입니다

5화 두 원자 이야기

원자라는 판도라의 상자

20년 뒤에는 전 세계 자동차의 반이 전기차가 될 거라고 한다. 그 소식이 썩 반갑지가 않다. 소리도 없이 '슈우우' 스쳐 지나가는 차라니, 뭔가 으스스한 기분이 든다. 전기차의 성공에는 '친환경'이라는 광고전략의 공이 크다. 전기차는 배기구가 없다. 즉 매연과 탄소를 내뿜지 않는다. 물론, 도시에서만. 지방의 화력발전소들은 열심히 석탄을 태우고 있다. 배출 장소가 여기냐 저기냐, 작은 굴뚝이냐 거대한 굴뚝이냐가 다를 뿐이다. 바보가 아니고서야 이 조삼모사를 모를 리 없겠지만, '에코'는 애초에 마케팅 전략의 희생양이었다.

　그래도 구색은 갖춰야 하는지라, 전기차 산업은 화석연

료가 아닌 전기 공급처를 마련해야 했다. 어떻게 이 많은 전기차를 탄소 없이 굴릴 것인가? 대표적 전기차 기업인 테슬라는 태양광 지붕 사업 따위를 제시하고 있지만 쇼에 불과하다. 정작 활기를 띠고 추진되는 것은 원자력 산업이다. 미국 민주당은 50년 만에 갑자기 원자력을 청정에너지로 선언하고 수조 원을 투자했다. 목적은, 그놈의 탄소저감. 중국도, 영국도, 심지어 아랍 국가들도 대규모 투자를 시작했고, 얼마 후 EU마저 원자력을 신환낑으로 분뷰했다. 한국에는 원전에 미쳐 버린 정권이 들어섰다.

나로서는 전기차 사업과 원전 사업 사이에 모종의 관계가 있는지 어떤지 모른다. 지구 대기를 위해 전기차가 좋은지 내연차가 좋은지도 모르겠다. 하지만 이것만은 분명히 안다. 전기가 더 많이 필요해졌고, 그 수요를 '저탄소'의 이름으로 감당해야 하는 이상, 원자력 지지자들의 어깨는 더 올라갈 거란 사실. 사태가 지금과 같다면 더 많은 발전소가 지어지고 더 많은 원자들이 쪼개질 것이다.

'원자를 쪼개 에너지를 얻는다.' 이 말은 묘한 기분이 들게 한다. 어원상 원자(atom)는 '쪼갤 수 없는 것'(atomos)이기 때문이다. 우리는 쪼갤 수 없는 것을 쪼개고 있다. 20세기 초, 물리학자들은 원자가 전자와 원자핵으로 되어 있으며 그 핵이 분열될 수 있음을 발견했다. 거기에서 터져 나온 것은 가

공할 만한 열과 에너지였다. 최초에 이 섬광을 보았던 사람들의 머릿속에 떠오른 것은, 슬프게도 대량살상무기였다. 그 발상이 대대적으로 실현되었던 광란의 시기가 지나자 사람들은 이 파괴력을 자원으로 활용할 달콤한 상상을 시작했다. 이론상 우라늄 1그램이 내뿜는 에너지는 석탄 3톤에 비견된다. 엘도라도나 다름없는 이 마법에 눈이 돌아, 지난 수십 년간 학자들과 정치인들과 군인들과 깡패들이 원자력 산업에 몰려들었지만 그 수확물은 에너지만이 아니었다.

쪼개진 원자는 꿈과 희망뿐 아니라 온갖 재앙과 죽음마저 뱉어 놓았다. 북한이 모든 걸 바쳐서 만들고자 하는 '핵탄두 미사일', 우주 최강의 슈퍼히어로로 아이언맨의 '핵융합 원자로', 지금도 세계 곳곳에서 팽팽 돌아가고 있는 500개의 '핵분열 발전소', 인류의 아포칼립스로서의 '핵 전쟁', 그 예고편인 체르노빌과 후쿠시마. 이 모든 것이 원자라는 판도라의 상자에서 튀어나왔다. 극에 달한 채굴경제의 '휘브리스'(hubris)*는 막다른 골목에 이르렀음이 틀림없는데도, 원자를 보는 우리 눈동자에 비치는 건 여전히 막대한 에너지와 권력이다. 누군가는 핵발전이 환경보호와 전쟁 억제의 효과가 있다는 헛소

---

* 신의 영역까지 침범하려는 정도의 오만을 뜻하는 그리스어. 자연의 한계와 질서를 무시하는 불손함, 교만, 자존심을 말한다.

리를 아직도 해대지만, 늘어 가는 것은 무기와 발전소와 폐허 그리고 별들보다 오래갈 반영구적 핵폐기물이다.

일본의 인류학자이자 종교학자 나카자와 신이치(中沢新一, 1950~)는 묻는다. 이미 수많은 재앙을 겪고도 인간이 여전히 원자력을 원하고 그것을 신화화하는 이유는 무엇일까? 자원 확보부터 핵무장의 야망까지 수많은 이유가 있겠지만, 그 근저에는 더 이상 태양과 땅의 증여를 받지 않고 완벽히 자립하여 살아가고 싶다는 초월적 욕망이 자리 잡고 있다. 일명 '스탠드-얼론'(stand-alone)의 꿈! 더 이상 자연의 순환에 의지하지도 않고, 환경에 부하를 주지도 않고, 어떤 한계나 대가에도 제약받지 않고 싶다는 열망. 요술 모자에서 무한정 동력을 꺼내어 그걸로 자동차도 굴리고, 비행기도 띄우고, 우주선도 만들어 화성까지 개간하고자 하는 꿈. 공중에 붕 떠서 살고 싶은 꿈. 하지만 그 꿈에 언제나 따라붙곤 하는 그림자는 시뻘건 버섯구름과 노란 방사능 마크다.

원자를 쪼개고 나서부터 우리 마음에 뭉게뭉게 자라 온 것은 망상과 신앙과 탐욕과 공포다. 여기에 다른 상상력은 없다. 폭탄을 제조하건, 터빈을 돌리건, 아이언맨을 꿈꾸건, 그때의 원자는 깨뜨리고 긁어내야 할 에너지 캡슐 그 이상이 아니다. 원자력의 원천으로서의 원자. 무한동력의 꿈으로서의 원자.

어쩌다 이 지경이 되어 버렸을까? 본디 원자는 이런 게 아니었다. 정확히 반대였다. 원자는 더 이상 깰 수 없는 물질의 근본이었고, 바로 그 사실로부터 이 우주의 운동과 생성이 해명되었다. 나아가 망상·신앙·탐욕·공포로부터 인간을 해방시키는 영혼 치유의 도구로 활용된 것이 원자라는 개념이었다. 깨지지 않은 원자, 대체 그것은 어떤 힘을 가졌던가? 다시 고대로, 원자가 태어난 시대로 가 보자.

어떤 것도 무에서 생겨나지 않았다

앞에서 우리는 고대 그리스 사상의 맥락에서 원자론이 해낸 역할을 살짝 들여다보았다. 원자와 허공이라는 사유는 변화를 부정하는 파르메니데스의 '존재의 철학'에 균열을 내고 운동과 생성을 설명해 내었다. 얼음 같은 부동의 일자一者를 운동하고 비껴나고 만나는 무수한 다자들로 바꿔 냈다는 점에서 원자론은 '해빙解氷의 물리학'이라고 불릴 만했다. 그런데 과연 이것은 물리학적 성취이기만 했을까?

고대철학에서 자연학 이론은 단순히 경험세계를 보다 정확하게 기술하는 데 그치지 않는다. 그것은 세계를 보고 느끼는 관점이자 해석의 틀로 작동한다. 우리가 미지의 영역으로 남겨 두었던 현상들, 아니 나름의 짐작과 전승으로 채워 두었던 사태들이 이해 가능한 자연의 운동으로 설명된다면 세상이 전과 같이 느껴질까? 상상과 믿음의 영역이었던 곳이 논의와 토론의 영역으로 다가온다면 일상이 그대로일 수 있을까? 합리적 탐구로 이끌어 낸 인과는 사물을 보는 렌즈가 되고, 그러한 렌즈는 해석을 바꾸고 느끼는 방식을 바꾼다. 물론 이것은 고대과학만의 특징이라고 할 수는 없다. 모든 과학 이론은 어느 정도 우리의 인식과 감각을 바꿔 놓는다. 진화론 이전 사람들이 생물을 보는 방식, 지동설 이전의 사람들이 하늘을 느끼는 방식을 우리는 감히 상상하기도 어렵다. 축적되는 발견과 검증은 더 이상 이전의 세계관을 지속할 수 없게 만든다. 이러한 단절은 패러다임의 전환이라고 불리며 과학사에서 드물게 나타난다.

그러나 고대과학에 특별한 점이 있다면, 이 변환의 과정에서 입증이 아닌 실천이 훨씬 중요한 문제였다는 것이다. 즉 앎이 삶을 바꾸는 일은 검증이 아니라 수행을 통해 일어났다. 말하자면 어떤 사실 혹은 지식이 정립되는 방식이 달랐다. 고대의 자연철학은 근대과학과 달리 엄격한 실험적 검증이 불가능했고 검증 자체에 큰 무게를 두지도 않았다. 이는 증명을 건너뛰었다거나 비논리적이었다는 의미가 아니다. 우리 시대의 과학 지식은 학계의 권위적 시스템에 의해서 생산되고 유통되지만, 고대의 진리는 그것을 배운 자 자신이 그것과 더불어 자신의 생활양식을 변형하고 사물들과 맺는 관계를 바꾸는 만큼 구현될 수 있었다. 즉 진리는 모두에게 승인된 보편적 팩트가 아니라, 배움 및 수행과 더불어서만 실현되는 구체적인 앎이었다. 그렇기에, 알지만 아는 대로 살지 못하는 일은 가능하지 않았다. 파동과 입자는 하나요, 이것과 저것이 둘이 아님을 말해 주는 양자역학을 배우는데도 일상은 여전히 단일하고 독립적인 '나'를 굳게 믿는 고전물리학적 관념 속에 사는 우리와는 달랐다는 얘기다. 과학과 실천이 서로를 전제했던 고대에는 한 시대 안에서도 각 학파마다 서로 다른 해석 틀이 형성되어 있었고, 그것들의 경합 속에서 다채로운 삶의 양식들이 병존했다. 동시에 삶에 대한 고유한 문제의식과 비전이 특정한 자연학을 요청하기도 했다.

그렇다면 원자론이라는 해석체계는 어떻게 정립되었고 어떻게 작동했을까? 어떤 상황이 원자 개념을 필요로 했고, 그것은 삶에서의 사건들을 어떻게 달리 보게 했을까? 웃음의 철학자로 기록된 데모크리토스, 지복의 쾌락주의자 에피쿠로스, 베누스의 생명력을 축복한 루크레티우스. 이들에게 공통적으로 보이는 삶에의 긍정은 분명 그들 철학의 반석인 원자의 자연학과 맞닿아 있을 것이다.

고대의 원자론은 '원자가 있다'는 관찰에서 출발하지 않는다. 눈에 보이거나 느껴지는 것도 아닌데 원자의 존재를 무슨 수로 믿겠는가? 필요한 건 믿음이 아니라 이성이다. 인간이 발휘할 수 있는 지적 역량 말이다. 원자는 증명 가능한 대상이 아니다. "원자는 사유되어야 하는 것이며 또 오로지 사유될 수만 있다."질 들뢰즈, 「루크레티우스와 자연주의」, 『들뢰즈가 만든 철학사』, 박정태 옮김, 이학사, 2007, 60쪽 대체 무엇을 위해? 들뢰즈는 사유는 강제되는 것이라고 말했다. 그렇다면 원자를 사유하도록 강제한 힘들과 문제시은 과연 무엇이었던가? 앞에서 보았듯, 원자 개념은 갑자기 뿅 나타난 게 아니라 선대 자연철학자들의 지적 유산과 그 한계들 속에서 정립된 것이다. 하지만 이런 사상적 맥락 이면에 원자론을 요청했던 현실적인 배치가 있지 않았을까? 그 힌트를 루크레티우스가 '자연의 이치'를 논하는 첫 문장에서 찾아보자.

> 그것의 첫 원리는 다음과 같은 것에서 우리를 위한 시작점을 얻어야 한다, / 그 어떤 것도 신들의 뜻에 의해 무無로부터 생겨나진 않았다는 것이다.(1: 149-150)

생겨나는 모든 것은 신들의 뜻과도 상관이 없고, 무와도 관련이 없다! 이것이 사물의 본성에 대한 근본 준칙이자 루크레티우스 철학의 대전제다. 언뜻 자명해 보이기도 하지만 곱씹을수록 엄청난 선언이다. 사실 어떤 것도 무에서 생겨나지 않는다는 명제는 고대 자연학 담론에서 기본이 되는 것이었다. 하지만 거기에 '신들에 뜻에 의해'라는 말을 덧붙이는 순간 온도가 확 달라진다. 이 말의 파급력을 이해하기 위해서는 당시 대다수의 사람들이 우연적 사건이나 마음의 변덕까지도 신들의 개입으로 해석하는 서사시적 전통 속에 살았음을 고려해야 한다. 벼락, 지진, 일식, 혜성, 역병, 전쟁 등의 사태에서 신들을 떠올리지 않기란 어려웠다. 사실 우리도 여기서 멀리 있지 않다. 천재지변이나 큰 불행 앞에서 우리는 언제나 묻지 않는가. '이건 대체 무슨 의미지?' 인간은 상식과 도덕으로 잘 납득되지 않는 사건들에서 계시, 운명, 섭리, 천벌을 떠올려 왔고 그것들은 번번이 우리를 의존적이고 위축되게 만들어 왔다. 전쟁과 부패, 예배와 사치가 만연한 시대, 루크레티우스는 사람들의 영혼에서 이러한 심리적 메커니즘을 꿰뚫어 보았다.

실로 그토록이나 두려움이 모든 인간을 사로잡고 있다, / 그들이 땅과 하늘에서 많은 것들을 보는데, / 그것들의 작용 원인을 그 어떤 이치로도 살필 수 없고, / 그것이 신의 능력에 의해 일어난다고 생각하기 때문에.(1: 151-154)

우리는 하늘과 땅에서 많은 것들을 본다. 해와 별의 운행을 보고 계절의 순환을 본다. 때로는 혜성이나 화산을 보거나 질병이나 기근을 본다. 질서도 보고 무질서도 본다. 그런데 "어떤 원인에 의해 그것들이 이뤄지는지 인지할 수가 없었다. / 그래서 모든 일을 신들에게 넘기고, 저들의 고갯짓에 의해 모든 것이 / 방향을 바꾼다고 생각하는 걸 도피처로 여겼다."(5: 1185-1187) 즉 인간들은 사태의 배후에서 '의도'나 '목적'을 찾으려 한다, 무지하기 때문이다. 이것이 신학적 환상의 기원이다. 목적론, 즉 현상에서 단일한 의도와 목적을 찾아내려는 경향은 '무지의 도피처'였다. 이는 사유가 아니라 신앙, 정확히는 미신이다. 그러니까 '신들의 뜻에 의해 생기는 것은 없다'고 못 박으면서 루크레티우스는 이 모든 미신 및 목적론과 싸우고 있는 것이다. 고대 철학자들은 '신들'을 부정하지는 않았다. 그러나 에피쿠로스주의자들은 신들에게 어떤 권능도 부여하지 않는다. 이미 '가장 행복한 존재들'인 신들은 인간사에도 세상사에도 전혀 개입하지 않는다. 신들 역시 원자로 되어 있으며 자연 '안에' 거주하는 존재다. 자연에는 초월적 의지 같은 건 없다. 도덕도 법도, 자유도 행복도 생성하고 운동하는 세계 바깥에 있지 않다. 이 생동적 우주에서 목적이란 인간적인 너무나 인간적인 허구일 뿐이다.

첫 원리의 위대함은 반反목적론을 선포하는 동시에 허무

주의와의 싸움까지도 함축한다는 데 있다. '어떤 것도 무에서 생겨나지 않는다'는 말은 루크레티우스에게 단순한 물리적 인과원리에 그치지 않는다. 그는 우리 마음의 가장 밑바닥에는 무로의 소멸에 대한 두려움이 일렁이고 있음을 알았다. 사라진다는 생각, 소멸되고 망각된다는 생각. 이보다 우리의 가슴을 서늘하게 만드는 것이 있을까? 슬픔의 가장 무력한 형태인 허무는 우리를 아무것도 못하게 하거나 아무거나 하도록 만든다. 루크레티우스는 자연의 원리를 가지고 이 허무를 격파하고자 한다. 무는 이 세상을 근거 짓지 않는다. 존재의 근원은 무가 아니다. 우리는 무에서 온 것이 아니며 그렇기에 무로 돌아가지도 않는다. 자연은 "사물들을 결코 무가 되도록 파괴하지 않는다."(1: 216) 자연 안에서는 "어떤 것은 다른 것들로부터 새로 만들어지는 게 필연"이고 "어떤 것도 심연이나 어두운 타르타라(Tártărus, 명계)로 넘겨지지 않는다. / 이후의 세대가 자라나기 위해서는 재료들이 있어야만 하니 말이다."(3: 965-967) 즉 다른 무언가로부터 생겨난 우리는 소멸하는 것이 아니라 다른 무언가가 된다. 우리의 앞에도 뒤에도 무는 없다. 존재는 다른 것이 되어 감으로써만 존재한다. "그렇게 해서 사물들의 총체는 항상 / 새로워지고, 필멸의 존재들은 서로 차례 바꿔 산다."(2: 75-76) 목적론과 허무주의. 인간의 두려움이 만들어 낸 두 심연과 어떻게 대결할 것인가? 원자 개념이 요청되었던 배경에는 이와 같은 질문이 메아리치고 있었다. 이 윤리적 호소에 원자론의 구체적 원리들은 과연 어떻게 대답하고 있을까?

더 쪼갤 수 없는 것이 있다, 그리고 허공이 있다

첫째, 어떤 것도 무에서 생겨나지 않는다. 둘째, 아무것도 무로 사라지지 않는다. 이 두 원칙을 끝까지 밀고 가면, 모든 것이 만들어지고 또 모든 것이 돌아가는 "첫 몸"이자 "씨앗"이 되는 "알갱이", 즉 원자의 존재가 도출된다. 자연은 한시도 멈추지 않고 천변만화한다. 하지만 우주 전체에서는 어떤 것도 완전히 사라져 버리지도 갑자기 덧붙어 추가되지도 않는다. 그렇다면 그 안의 사물들은 어떻게 다른 무언가로 되어 갈 수 있을까? 소멸되어 없어지는 게 아니라면, 어떻게 이것이 저것으로 변할 수 있을까? 가령 빗방울들은 무엇으로 흩어지며 곡식들은 무엇을 통해 자라나는가? 만물의 생성하고 소멸하는 운동이 무라는 늪에 빠지지 않고 설명되려면, 무한에 가까울 정도로 작지만 결코 무로 소멸되지 않는 극미의 존재가 상정되어야 한다. 그것들의 부단한 자리바꿈과 결합-해체가 만물의 유전流轉이다. 원자로 인해 비로소 존재와 변화가 양립될 수 있다. 원자는 사유될 수 있는 최소치로서, 우리 감각 이하의 존재다. 그렇기에 앞선 자연철학에서 제시한 물, 불, 흙, 바람 등의 원질들과 달리 특정한 속성조차 띠지 않는다. 관념으로조차 더 나눌 수 없는 사물의 최종적 보루인 원자는 이렇게 태어났다. "사물들 가운데 있으나 보이지 않는다고 / 그대가 인정해야만 하는 바의 물체들을 받아들이라."(1: 269-270)

알다시피 원자는 아톰(atom)이다. 이것은 '자르거나 쪼갤 수 없는 개체'라는 뜻의 그리스어 'atomon'에서 왔다. '쪼갤 수 없음'이라는 한계의 설정은 상당히 중요했다. 당시 많은 학파들은 물질이 무한히 분할될 수 있다고 여겼다. 시간이 그렇고 공간이 그렇듯 물질도 끊어짐 없이 매끈하게 연속되어야 하지 않을까? 데모크리토스는 여기에 차분히 답했다. 만일 존재하는 물체가 무한히 쪼개질 수 있다면 그 결과는 무엇일까? 기하학적 점이 되거나, 무로 소멸되어 버리거나, 어떤 다른 물체가 되거나, 비물질적인 무언가가 될 것이다. 이 모든 경우를 따져 보면, 처음에는 연장을 가지고 있던 물체가 마지막에는 크기도 부피도 없는 유령 같은 것으로 사라져 버리는 사태에 직면하게 된다. 이러한 귀결은 거꾸로 되돌아가 물체를 다시 구성하는 것을 불가능하게 한다. 혹은 신비적 요소를 끌어들이게 한다. 이는 불합리하다. 즉 더 나눌 수 없음이라는 한계 위에서만 무언가가 다시 만들어지고 생겨나는 일이 가능해진다. 고로, 중요한 건 깨지지 않는 원자!

　사물들은 원자로 이루어진다. 하지만 이 설명은 반쪽짜리다. 원자와 '동시에' 허공이 있어야 한다. 허공의 존재. 이것이 고대인들이 원자론에서 가장 받아들이기 힘든 부분이었고, 이는 현대물리학에도 논란이 되어 온 이슈다. 없는 게 있다니, 모순 아닌가? 하지만 없음(無)과 비어 있음(虛)은 구분되어야 한다. 허공은 빔, 공백, 채워져 있지 않음이며, 엄연히 실재한다. 허공은 원자와 함께 존재를 구성한다. 사실 허공은 원자의 존재가 논증됨과 동시에 논증되는 개념이다.

　생각해 보자. 원자는 어떻게 '원자들'인가? 물질은 불연속적이고 더 이상 나눠지지 않는 입자들로 되어 있다. 그렇다면 입자가 아닌 곳, 그 불연속의 사이사이에는 무엇이 있는가? 만일 그곳이 다른 무언가로 채워져 있다면 그건 이미 물질이고 그런 한에서 원자여야 한다. 그러면 원자들 사이가 빼곡하게 원자들로 메워지게 되는데, 이는 곧 일자가 아니던가? 그렇다면 원자는 있을 수도 없고, 원자는 운동도 불가능하며, 나아가 그 어떤 변화도 불가능할 것이다. 여기서 다시, 파르메니데스의 왕국이다! "만일 빈 공간이 없었다면, / [원자들은] 쉼 없는 움직임을 빼앗겨 잃는 정도가 아니라, / 전혀 그 어떤 방법에 의해서도 생겨나 있질 못했을 것이다. / 도처에 물질들이 에워싸인 채 정지해 있었을 것이기 때문이다."(1: 342-

345) 그러므로 '존재하는 것'인 원자들 사이, 즉 원자로 점유되지 않은 공백도 '존재하는 것'이어야만 한다. 원자들이 존재한다는 말 자체가 이미 허공이 존재한다는 말을 전제하고 있다. 요컨대 허공은 원자의 성립 조건이자, 원자들의 모든 만남과 운동을 가능케 하는 장이며, 나아가 세계를 유有로 가득 찬 부동불변의 일자의 논리에서 구해 낼 중요한 개념이다.

그리하여 원자론의 공리는 이렇게 정리된다. 세계는 원자들과 허공으로 이루어지며, 일체의 사물은 둘이 뒤섞이는 운동으로 출현한다! 음… 별로 대단치 않아 보이는가? 그럴 수도 있다. 우리 시대에 입자론은 초등 상식이 되어 버렸으니까. 하지만 이 문장으로부터 어떤 상식과 믿음이 곧바로 반박되는지 살펴본다면 다르게 읽힐 것이다. 이제, 원자와 허공 개념에 내재되어 있는 잠재력을 들여다보자.

원자론, 거짓된 무한을 폭로하다

만약 천체 현상에 대한 의심들과 죽음에 대한 의심들이 우리를 전혀 뒤흔들지 않는다면, 또한 고통과 욕망의 한계를 이해하지 못한다는 사실이 우리를 전혀 뒤흔들지 않는다면, 우리는 자연학을 필요로 하지 않을 것이다. 에피쿠로스, 『중요한 가

르침들』11; 미셸 푸코, 『주체의 해석학』 92쪽에서 재인용

모든 것이 원자와 허공이라는 선언은 무엇도 예외로 하지 않는다. 생명도, 영혼도, 사유도, 신도, 세계 자체도 모두 원자들의 구성물이다. 여기에는 어떤 신비도 기적도 없다. 자연의 운동을 거스르는, 자연 바깥의 동인은 없다. 원자로 이뤄진 한 모든 것은 유한하고 필멸한다. 모든 존재는 원자들의 이합집산으로서만 존재할 수 있고, 만나서 이것이 되었기에 흩어져서 다른 것이 되어 간다. 원자론이 갖는 해방적 힘은 여기에서 연역되어 나온다. 우리의 속박은 만물이 서로 맞물려 흘러감을 잊거나 보지 않으려는 데에 기인하고 있기 때문이다.

통념과 달리 우리의 고통은 '고통 자체'에서 비롯되지 않는다. 예나 지금이나 인간 번뇌의 팔 할은 갈망과 공포에 사로잡힌 마음, 미신과 환상으로 얼룩진 영혼에서 자라난다. 우리는 그 사실을 어느 정도 알고 있지만 무엇이 영혼을 혼탁하게 하는지 파고들지는 않는다. 그건 아마 당장의 괴로움을 완화하고자 하거나 그 엉킨 실타래를 풀어 갈 도구가 없기 때문일 것이다. 원자론이라는 도구로 그 실타래를 끝까지 풀어 간 루크레티우스의 자연학은, 사태의 근본적 원인을 '거짓된 무한'에 대한 환각이라고 진단한다. 즉 자연 안에 존재하지 않는 무한성을 상상하는 데서 모든 슬픔이 생겨난다는 얘기다.

'영혼의 혼탁'은 쾌락의 무한성과 고통의 무한성이라는 서로 연결된 두 요소로 되어 있다. 전자는 제한 없는 집착과 갈망을, 후자는 제한 없는 두려움과 미신을 낳는다. 우리는 어떤 경험에서 한 번 맛본 쾌락이 유사한 경험에서 반복될 수 있을 거라고, 그 경험의 규모나 강도가 커지면 쾌락도 비례해서 커질 거라고 착각한다. 이 착각은 단순하지만 무척 끈질기다. 먹고, 자고, 놀고, 소비하는 일상 구석구석에 스며 있을 뿐 아니라, 더 많은 소유와 더 높은 지위에 대한 끝없는 갈망 또한 여기에 기인한다. 실제로 어떤 행위의 반복이 쾌락을 강화하지는 않는다. 오히려 반복하면 할수록 쾌락은 줄어들고 마는데, 첫째로 신체는 어느 한계가 지나면 전과 같이 느끼지 않기 때문이며, 둘째로는 한번 익숙해지고 나면 같은 쾌락을 위해 전보다 더 자극이 요구되는데, 그것이 도리어 고통을 유발하기 때문이다. 에피쿠로스에 따르면 "어떤 종류의 쾌락을 산출하는 것은 쾌락들 자체보다 몇 배나 더 많은 괴로움들을 가져온다".디오게네스 라에르티오스, 『유명한 철학자들의 생애와 사상 2』, 397쪽 진짜 문제는, 외부 원인에 의해 얻어진 쾌락은 그 원인이 사라지면 반드시 고통으로 변모하며, 쾌락을 느낄 때조차 상실에 대한 불안을 선사한다는 것이다. 우리는 우리 신체의 원자적 배열이 앞으로도 지금과 같을 것이라고, 그래서 다음 순간에도 동일한 쾌락을 누릴 수 있을 거라고 생각하지만, 이는 사탕을 토할 때까지 먹은 다음에도 사탕이 변함없이 달콤할 거라는 착각만큼이나 얼토당토않은 망상이다.

고통의 경우도 마찬가지다. 고통을 느끼는 나라는 주체가 미래에도 동일하게 유지될 거라는 착각은 우리 안에 두려움을 끝없이 재생산한다. 신체를 고려하면 이것은 분명한 억측이지만 그 영향력은 강력하다. 우리는 쾌락과는 반대로 고통을 야기하는 요인을 악으로 단정하고 최선을 다해 이를 제거하려 한다. 특히 우리 시대는 점점 더 고통에 취약해지는 것 같다. 약간의 통증이나 불편도 당장 잘라 내고 없애야 할 병증으로 간주하고, 의료 서비스와 보험 상품은 그런 미래의 두려움을 볼모로 번창해 간다. 오늘의 아픔과 불편을 내일도 겪는다는 상상은 우리를 참을 수 없게 만든다. 가난하면 불행할 거야, 병들면, 늙으면, 죽으면…. 이렇게 속삭이는 모든 소리들은 고통을 미래로 투사하면서 우리를 고통 앞에 무력한 존재로 만든다. 고통은 지나간다는 사실, 고통은 본래 삶의 한 국면을 이루는 것이며 때론 우리를 강하게 하기도 한다는 사실을 이해하지 못한 채, 우리는 어떻게 하면 그것을 겪지 않을 수 있을까 하는 생각에만 골몰한다. 이 근시안적 불안에 매몰되어 우리는 기꺼이 예속을 욕망한다. 아직 오지 않은 혹은 결코 오지 않을 괴로움이 두려워 지금의 삶을 하기 싫은 일들로 채우면서 스스로를 착취한다.

거짓된 무한에 의한 해악은 죽음과 관련해서 가장 두드러지게 드러난다. 앞에서 보았듯 루크레티우스의 시대는 죽음이 만연해 있었다. 사치와 오락과 각종 구원신앙이 함께 유행한 건 그 때문이었다. 죽음은 돈이나 권력으로 어찌할 수 없는 문제였고 그렇기에 언제나 종교의 영역에 속해 있었다. 하지만 원자론은 진중하게 권한다. 우리는 죽음을 두려워하지 않아도 되며, 그럴 수 있다고.

원자론자들에게 죽음이란 무엇인가? 우리의 신체를 이루던 원자들의 결합이 해체되는 사건인 동시에 다른 무언가의 신체를 이루게 되는 사건이다. 이 과정에서 당연히 우리의 지각이나 판단능력도 흩어진다. 따라서 죽음이 도래한 그때에는 이미 '나'가 존재하지 않는다. 그런 의미에서 '나의 죽음'은 불가능하다. "그러므로 죽음은 우리에게 아무것도 아니고 우리와 전혀 관련이 없다."(3: 830) 그럼에도 우리가 죽음을 두려워한다면 이는 죽음 뒤에도 무언가가 남아 있을 거라는 착각 때문이다. 승천한 영혼이 지옥에서 형벌을 받거나 천국에서 보상을 받는 식으로, 여전히 쾌락과 고통을 느낄 수 있는 주체가 지속된다는 착각 때문이다.

영혼에 부여된 '거짓된 무한' 관념. 이생에서 우리가 끊임없이 겪는 근심과 불안의 뿌리는 여기에 있다. "왜냐하면 영혼의 본성이 무엇인지 모르기 때문이다, / 그것이 생겨나는 것인지, 아니면 태어나는 자들에게 들어가는 것인지, / 우리와 함께 죽음에 의해 흩어져 스러지는 것인지."(1: 112-114) 에피쿠로스의 원자론은 "정신과 영혼의 본성이 육체적이라는 것을 가르친다."(3: 161) 영혼은 신체 안에서 자리바꿈하는 비교적 가벼운 원자들의 집합체일 뿐이다. 영혼은 육체와 같이 타격받고 움직이고 성장하고 노쇠한다. 그리고 육체의 죽음과 함께 흩어진다. "둘의 안녕의 원인은 서로 연결되어 있으므로."(3: 579) 이 사실이 슬프게 느껴진다면, 영원한 것이 좋은 것이라는 생각에 빠져 있다는 증거다. 자연에 입각해 보면 이 관념은 오류고 환상이다. 왜냐하면 "자연은 어떤 것을 다른 것으로부터 다시 만들며, 다른 것의 죽음으로 도움을 받지 않는 한 / 그 어떤 것도 생겨나기를 허용하지 않기 때문이다."(1: 263-264) 태어났다는 그 사실 자체에는 이미 다른 것들의 무수한 죽음이 함축되어 있다. 따라서 생겨난 존재이면서 불멸하길 꿈꾼다는 것은 자신을 생겨나게 한 무수한 흩어짐들을 외면하는 것이자 결국 자신의 원천을 부정하는 일이 된다. 우리는 앞선 것들의 필멸성 덕분에 삶을 받았고, 우리의 필멸성으로 다른 것들의 탄생에 기여하고 있다. 이 사실을 깊이 새기고 잊지 않을 때, 우리는 우리 자신이 늙고 또 죽는다는 사실을 웃으며 받아들일 수 있지 않을까. 에피쿠로스는 말한다.

죽음이 우리에게 아무것도 아니라는 올바른 인식은 우리로 하여금 죽게 되어 있는 삶을 즐길 수 있게 해준다. 그것은 삶에 무한한 시간을 부여함으로써가 아니라, 불사에 대한 동경을 제거함으로써 그렇게 하는 것이다. 디오게네스 라에르티오스,

『유명한 철학자들의 생애와 사상 2』 388쪽

요컨대, 우리를 괴롭게 하는 것은 죽음이 아니라 영생에 대한 환상이다. 원자론은 그 반反자연적 욕망의 허구성을 폭로하고 무력화함으로써 우리가 현생의 유한한 삶을 불안으로 물들이기보다 기쁨으로 채우기를 권한다. 생의 가치는 불멸에 있지 않다. 음악의 질은 그것의 지속이 아니라 아름다움에 의해 판단되어야 하듯, 삶의 가치는 허구적 불멸이 아닌 '필멸의 긍정'이라는 관점에서 평가되어야 한다.

원자론은 우리 안에 뿌리내린 거짓된 무한을 고발한다. 제한 없는 쾌락도, 영원한 고통도, 영혼의 지속도, 신의 전능성도 우리가 만든 착란이요 환각이다. 원자의 우주에서 참된 무한은 원자들, 허공, 그리고 그것들의 운동, 이 세 가지뿐이다. 나머지 모든 존재는 이 셋의 결합과 해체 속에서 잠시 머물다 가는 손님들이다. 그렇기에 "하나가 다른 것으로부터 생기기를 그치지 않으며, / 삶은 누구에게도 완전히 소유되지 않고, 모든 이에게 그저 대여될 뿐이다."(3: 970-971) 이 진리

를 실감하는 정도만큼 우리는 우리 마음을 채운 불순물을 걷어 내고 지금 이곳의 나날들을 조금 더 밝은 눈으로 바라볼 수 있지 않을까.

참된 무한과 거짓된 무한을 현명하게 구분하고, 불행의 원인이 되는 착각들에 자신을 내맡기지 않는 것. 그럼으로써 우리 영혼을 혼탁하게 하고 병들게 하는 탐욕, 공포, 슬픔에서 한 발 자유로워지는 것. 필멸함에 기뻐할 줄 아는 능력을 갖는 것. 이것이 고대의 '쪼갤 수 없는' 원자가 선사한 해방이다.

두 원자와 두 구원

인류세를 살아가는 우리는 이제 원자와 더불어 어떤 구원을 꿈꾸고 있는 것처럼 보인다. 이 시대 최고의 히어로 아이언맨을 생각해 보자. 그는 마블 캐릭터들 중에서 가장 인기가 많은데, 그건 물론 그가 악당들을 물리쳐 지구를 지키기 때문이기도 하겠지만, 그보다는 그가 토르나 헐크 같은 다른 영웅들과 달리 초능력이 없는 '보통 인간'이기 때문일 것이다. 사실 그는 슈트를 빼면 시체다. 번쩍번쩍한 슈트와 날아다니는 최첨단 무기들이 그를 초능력자나 외계인보다도 더 강한 인간으로 만든다. 그런데 그 어마무시한 힘을 가진 강철 조각들을 작동시키는 동력은 무엇인가? 그것은 바로 그의 가슴팍에 부착된 '아크 원자로'에서 나오는 힘, 다시 말해 완벽하게 제어된 핵융합 반응이다. 주먹 크기의 그 원자력발전소는 일종의 인공 태양이다. 거기서 나오는 무제한적 에너지가 그의 강철 슈트는 물론 뉴욕 한복판의 거대한 빌딩까지 작동시킨다. 놀랍게도 여기에는 아무런 방사능 폐기물도, 탄소 배출 걱정도 없다! 그 원자로만 있다면, 인간은 그 어떤 초능력자보다도 강해질 수 있으며, 누릴 것을 전부 누리면서도 머리 아픈 환경파괴 걱정 없이 선하게 살아갈 수 있다. 비록 영화적 설정이지만, 여기엔 우리의 꿈이 그대로 담겨 있다. 그리고 그 중심에는 원자가 있다. 원자에서 긁어낸 힘이 우리를 외부의 적으로부터, 온실가스의 증가로부터, 에너지의 고갈로부터, 질병과 늙음으로부터, 자연의 모든 '악'으로부터 구해 주리라!

우리 시대의 원자는 '판도라의 상자'다. 판도라는 상자를 열었고, 열려선 안 되는 것이 열리자 온갖 재앙과 질병, 시기, 질투가 쏟아져 나왔다. 하지만 거기에는 희망이 남아 있었다. 인간은 모든 불행 속에서도 그 희망 하나를 바라보며 살아간다. 희망은 현재가 아니라 먼 미래의 것이다. 원자도 마찬가지다. 쪼갤 수 없는 것이 쪼개졌고, 우리는 거기서 나온 버섯구름, 전쟁, 폐기물, 피폭, 사고를 보아 왔다. 그럼에도 우리의 마음은 그 원자 깊숙이 남아 있을 낡은 희망만을 향한다. 마치 그것만 손에 넣으면 이 모든 재난과 위기를 없는 셈 덮어 버릴 수 있을 것처럼. 지금 이 순간에도 수많은 사람들이 핵무장을 갈망하고, 석유가 넘치는 중동 국가들도 원전을 지어 대는 것은 그 기대 때문이 아닐까. 아이언맨의 꿈을 위해. 원자력의 구원을 위해.

『학교 없는 사회』의 저자 이반 일리치(Ivan Illich, 1926~2002)는 판도라의 상자 속 희망을 기대와 구분한다. 희망은 기대가 아니다. 희망은 마지막에 도래하리라 여겨지는 구제책, 즉 미래로 투사된 현재의 욕망이 아니다. 그것은 앞서 빠져나온 절망, 공포, 불안과 '함께' 있다. 구원은 이 모든 폐허가 사라진 후에 찾아오는 천국 같은 결말이 아니라, 지금 여기서 우리가 누구와 만나 무엇을 하는가 하는 시도들과 더불어 구성되는 실존이다. 지옥 속에 있더라도 거기서 생각 하나를 돌이키는 것, 지금까지와는 다르게 걸음을 내딛을 용기를 내는 것, 기꺼이 그렇게 하고자 하는 자들을 찾는 것. 희망은 이 모든 시도들 사이에서 반짝이고 있다.

여기, '원자'를 둘러싼 두 개의 구원이 있다. 원자론의 구원과 원자력의 구원. 루크레티우스의 구원과 아이언맨의 구원. 탐욕과 두려움으로부터의 구원과 감언이설로 포장된 거짓 미래의 구원. 과연 이 두번째 것이 구원일 수 있을까? 대체 무제한적 기술혁신과 발전이 우리를 어디로 데려다줄 수 있을까? 꿈의 에너지가, 하이테크놀로지가, 4차·5차·n차 산업 혁명이 인간의 실존적 두려움을 조금이라도 넘어가게 할 수 있을까?

고대와 비교했을 때, 아니 지난 몇십 년 전과 비교해 봐도 우리는 이미 넘칠 정도로 많은 것들을 누리고 있다. 그런데도 우리는 여전히 불안하고, 아프고, 중독되고, 갖가지 미신을 만들며 살고 있다. 아무리 원자에서 최대의 힘을 뽑아낸다 한들 이 황폐함은 나아지지 않을 것이다. 루크레티우스가 말하듯, 문제는 세계 위에 우뚝 서는 것이 아니라 세계를 이해하는 일이다. 우리가 어떤 세계 속에 살고 있는지, 무엇을 놓치고 있는지를 묻고 이해하지 않고서는 반복되는 괴로움을 벗어날 수 없지 않을까? 바로 이런 이유로, 지금 우리에게 희망의 다른 이름은 '배움'이다. 지금까지와는 다른 길을 가기 위해, 감히 배우고자 하는 용기 말이다.

6화 웰컴 투 아톰 월드

변주되는 원자론

밤하늘을 수놓은 별들은 천문학자와 난민에게 똑같이 반짝일 것인가? 펑펑 내리는 함박눈이 보행자와 운전자에게 같을 수 없고 거리의 음악이 산책길과 퇴근길에 다르게 들리듯, 현상들은 우리가 어떤 생리적·심리적·정치적 상황을 통과하고 있는지에 따라 다르게 해석된다. 직접 보이고 만져지는 감각세계조차 이럴진대, 추상적인 개념들과 이야기로 전달되는 세계는 어떨까? 가령 신은 얼마나 많은 얼굴을 하고 있는가? 예수의 경우만 봐도, 여기서는 연약한 희생양으로, 저기서는 강인한 심판자로, 또 다른 곳에서는 평온한 현자로 등장한다. 신앙적 표상만이 아니라 가치·개념·이론 등 사유의 산물들 또한 마찬가지다. 어떤 문화, 어떤 풍토, 어떤 문제의식 위에 놓이느냐에 따라 그것들은 매번 다른 뉘앙스를 띠고 출현한다.

원자론이라는 고대의 자연철학도 마찬가지였다. 원자 개념은 어느 날 '뿅' 하고 탄생해서 매끈하게 완성된 채 고스란히 보존되어 온 게 아니다. 비록 실험되고 측정되는 물리적 실재로서의 현대의 원자와는 근본적으로 다른 것이지만, 고대의 원자에 대한 사유는 계속 변주되었다. 그것이 개념이고 사유인 한 어디서 누구에게 요청되느냐에 따라 다르게 작동될 수밖에 없었다. 다른 실존, 다른 질문, 다른 비전을 가진 사람들의 손에 쥐어질 때마다 원자론에도 세부적인 변형이 가해졌다.

이러한 원자 개념의 대표적 창조자가 데모크리토스와 에피쿠로스다. 에피쿠로스학파의 자연학은 오랫동안 데모크리토스의 원자론과 대동소이하며 그의 이론을 반복한 아류 정도로 여겨졌다. 실제로, 허공과 원자와 결합만이 존재한다는 규준은 완전히 일치한다. 하지만 악마는 디테일에 있다. 저 '소이'小異를 파고들어가 보면, 거기에 중대한 단절과 혁신이 함축되어 있음을 알게 된다. 청년 마르크스는 에피쿠로스에게서 주체의 자유와 혁명적 영감을 보았고, 들뢰즈는 일자·본질·전체로 환원되는 독단론적 철학에 맞서는 자연주의와 긍정의 원리를 보았다. 그 디테일이 무엇인지 살펴보기 전에, 우선 저 두 고대철학자가 거닐었을 시대들을 살짝 스케치해 보자. 데모리크토스와 에피쿠로스의 원자론 사이에는 무슨 일이 있었을까?

소크라테스적 변곡점과 헬레니즘

철학사에서 데모크리토스(BC 460경~BC 340경)는 '소크라테스 이전 철학자들'로 분류된다. 하지만 그는 소크라테스(BC 470경~BC 399)보다 열 살이나 어리고 20년은 더 오래 살았다. 그런데 왜 소크라테스 '이전'인가? 우선 사상의 흐름을 연대기적으로 자를 수 없음을 짚어 둘 필요가 있다. 여기서 '이전'이란 엄밀한 시간적 기준이라기보다는 철학적 방향성 및 비전과 관련된 구분이라고 할 수 있다. 즉 데모크리토스의 철학은 소크라테스적 문제의식이 더해지지 않은 '자연철학'의 계보 속에 자리 잡고 있었던 것이다. 사실 자연철학이라는 명명은 나중에 붙여진 것이다. 고대라고 해서 철학이 없었던 것도 아니고, 자연이 근대과학에서처럼 객관적 대상으로 여겨진 것도 아니었지만, 이름을 달리해야 할 단절점이 있었던 것이다.

　고대의 '자연철학'은 말하자면 세상이 어떻게 존재하는

지, 사물은 어떻게 발생하는지, 변화는 어떻게 가능한지에 대한 지성적 추론과 비판적 논쟁의 실천이다. 어떻게 마법이나 신화 없이 인간의 이성으로 우주의 기원을 이해해 볼 것인가?

기원전 7세기, 현상들에 대해 '왜?'라고 묻는 시대가 시작되었다. 학자들은 모든 것을 신들의 의도와 몸짓으로 해석했던 서사시의 전통과 결별하고, 관찰과 추론에 입각해 물, 불, 공기, 흙이라는 4원소와 사랑과 미움의 힘 등을 현상들의 원리로 제안해 왔다. 자연을 향한 집요한 물음과 탐구가 곧 철학이었고, 이는 인간 삶의 유용성이나 실리와는 거리가 있는 다소 비일상적 활동이었다. 하늘과 땅을 연구한 자연철학자들은 주로 현자 혹은 은둔자의 이미지로 그려지는데, "별을 관찰하려고 노파의 시중을 받으며 집 밖으로 나갔다가 도랑에 **빠졌다**"디오게네스 라에르티오스, 『유명한 철학자들의 생애와 사상 1』 55쪽는 탈레스의 일화가 그것을 잘 보여 준다. 데모크리토스의 원자론은 탈레스로부터 이어져 온 자연철학 전통의 끝점이자 정점이라고 할 수 있었다.

데모크리토스는 그리스 북부 압데라 출신으로, 세계 곳곳을 여행하기는 했지만 아테네에서 활동하지는 않았다. 하지만 그곳에서는 이미 철학의 다른 흐름이 생겨나고 있었다. 기원전 5세기 중엽, 페르시아 전쟁에서 승리하고 해상제국으로 부상한 아네테는 황금기를 구가하고 있었다. 민주주의의 발흥으로 수사학 및 현실 지식에 대한 수요가 늘었고 이는 자유 '지식인'인 소피스트들의 지적 운동으로 이어졌다. 한편에는 이미 오래전부터 이어져 온 자연철학의 유산이 축적되어 있었고, 다른 한편에는 급속도로 범람한 실용학문이 유행했던 것이다. 이때, 자연학자의 길도 소피스트의 길도 거부하며 전에 없던 태도로 '삶의 길'을 보여 준 인물이 있었으니, 바로 소크라테스였다.

> 그분을 겪어 보지 않았거나 생각 없는 사람이라면 누구나 그 이야기들을 비웃을 수 있거든. 하지만 이번에는 누군가가 그것을 열어젖히고 그것들 안에 들어가 보게 되면, 우선 이야기들 가운데 그것들만이 지성을 갖고 있다는 것, 그 다음으로는 아주 신적이라는 것, 자기 안에 덕의 상들을 아주 많이 가지고 있고, 아름답고도 훌륭한 자가 되려는 자라면 숙고하는 것이 어울릴 아주 많은 것에, 아니 모든 것에 상관된다는 것을 발견하게 될 것이네.플라톤, 『향연』, 강철웅 옮김, 이제이북스, 2014, 170쪽

소크라테스는 철학의 출발점으로 무지를 제시하고, 배움을 위한 삶 전반의 수련을 철학으로 명명했다. 우리가 아는 '철학'(philosophy)의 탄생이다. 필로-소피, 즉 '소피아를 향한

이끌림'은 아직 소피아가 아니다. 그것은 알지 못함이지만, 자신이 모른다는 사실만큼은 알고 있는 적극적인 무지다. 그렇기에 철학자는 지혜를 구하고자 고투하며, 지금까지의 자기 삶의 궤적을 의문에 붙이고 일변시키고자 한다. 소크라테스와 함께 '어떻게 살아야 할 것인가?'라는 질문이 철학 전반에 울려 퍼졌다. 그의 관심은 철저히 지상의 삶, 현실의 윤리였다. 무대는 아고라였고, 상대는 청년들이었으며, 주제는 인간과 사회에 전제된 근본 가치들이었다. 아름다움이란 무엇인가, 선함이란 무엇인가, 정의란, 경건이란, 용기란, 정치란, 폴리스란… 질문에 질문이 이어졌다. 철학은 지식의 습득이나 소유가 아니라 자신의 삶을 문제시하고, 자신을 시험하고, 자신의 영혼을 돌보는 여정으로 자리 잡는다.

소크라테스라는 이 '원류'로부터 플라톤, 스토아, 견유주의 등 수많은 학파들이 갈라져 나오게 된다. 한 세기 뒤에 등장한 에피쿠로스 철학 역시 그 자장 안에 있다고 할 수 있다. 하지만 에피쿠로스의 시대는 더 이상 아테네의 전성기가 아니었다. 시공간이 달라졌고 가닿고자 하는 지혜의 결도 달라졌다.

알렉산드로스대왕이 사망하고 헬레니즘 시대가 시작되는 해인 기원전 323년, 열여덟의 청년 에피쿠로스는 군 복무를 위해 처음 아테네에 발을 디뎠다. 하지만 그의 눈앞에 펼쳐진 풍경은, 주변 폴리스들을 호령하는 군사강국도 아니고 민주주의가 꽃핀 문화강국도 아니었다. 옛 명성이 무색할 정도로 완전히 허물어져 버린 아테네는 이제 마케도니아 제국의 한 행정구역에 불과했고, 곧 시작될 분열과 폭정에 신음하고 있었다. 에피쿠로스가 살아간 시대는 도시의 기능은 와해되고 전쟁과 폭력이 그칠 날 없는, 그야말로 난세였다. 사람들은 더 이상 철학과 국가를, 개인의 삶과 정치를 연결시킬 수 없었다. 정신적 최고가 상실된 상황에서 '그것 자체인 것'을 탐구하며 본질이나 이상을 논하는 플라톤의 철학은 설득력을 얻기 힘들었다. 필요한 것은 이데아나 형이상학이 아닌 현세에서의 평안이었고, 논리와 박학 대신 일상의 수행과 마음의 평정이 요구되었다. 사람들은 '좋은 사회'를 이루겠다는 보편철학에서 비껴나 각자의 '좋은 삶'에 대해 질문하기 시작했고, 실천철학으로서의 소크라테스적 비전이 새롭게 요청되었다. 자기 치유와 자기 배려라는 훨씬 더 절실한 지향성을 갖고서.

철학의 목표는 여전히 '행복'(eudaimonia)이었다. 에우다이모니아(eudaimonia)는 '좋은(eu) 정령(daemonia) 아래에 있음'이라는 의미로, 영혼과 신체가 가장 탁월한 상태로 영위됨을 뜻한다. 즉 행복은 '잘 존재함'(well-being)과 같은 말이었으며, 특히 헬레니즘 시대의 혼란함 속에서 그것은 외적 상황에 따라 일희일비하는 내적 흥분으로부터 자유롭게 존재하는 역량으로 이해되었다. 즉 이 시대의 철학의 비전은 두려움, 슬픔, 탐욕 등에 휩쓸리지 않고 수면처럼 잔잔한 내적 평온에 이르는 것이었다. 그리고 바로 이 맥락에서 다시 자연학이 부각되기 시작했다.

원자론을 비롯한 자연철학은 헬레니즘 시대의 각 학파 사상의 기둥이자 노른자가 되었다. 자연학의 르네상스? 그렇게 볼 수도 있으나, 이는 이전 자연철학자들의 시대와는 완전히 다른 사명을 갖는다. 이제 자연학은 현실과 거리를 둔 '현자적 탐구'가 아니라, 구체적 삶의 문제를 해결하기 위한 장비들로서 사용되어야만 한다. 우리가 '좋은 삶'을 위한 자기 윤리를 정초하기 위해서라도 자기 몸과 영혼이 어떤 물질적 토대 위에서 어떤 메커니즘으로 작동하는지 이해하지 않으면 안 된다. 소크라테스에게서 자신의 무지를 안다는 것이 왜 중요했는가? 무지가 우리를 공허한 쾌락에 탐닉하도록 이끌기에, 그리하여 두려움에 떨도록 만들기에. 헬레니즘 철학의 가르침도 마찬가지다. 인간의 모든 고통과 불행은 우리 신체와 영혼의 본성 및 한계를 보지 못하거나 오인하는 데서 비롯되며, 치유로서의 철학의 과제는 무엇보다도 우리의 번뇌 아래 놓인 거짓되고 공허한 착각들과 싸우는 일에 있다. 그 싸움의 베이스에는 자연학적 앎이 필요했다.

에피쿠로스의 원자론은 이러한 치유 프로그램에 세팅된

탁월한 운영체제였다. 이것은 미신의 고발과 두려움으로부터의 해방이라는 작업을 수행해야 했으므로, 우주의 기원 탐구를 위해 고안된 데모크리토스의 버전에서 세부사항 몇 가지가 업데이트될 필요가 있었다. 두 원자론 사이의 결정적 차이는 다음의 사안들에 있다. 원자 형태의 수는 유한한가, 무한한가? 원자는 부분을 갖는가, 갖지 않는가? 무게는 원자 자체의 특질인가, 부여된 것인가? 원자의 경로는 충돌에 의해서 결정되는가, 스스로 비껴나기도 하는가? 시뮬라크라(에이돌론)의 형성 지점은 물체 표면인가, 공기인가? 감각은 믿을 수 있는가, 없는가? 천체 현상들에서 원인은 하나인가, 여럿인가? 고대의 두 원자 중 에피쿠로스의 원자를 클로즈업해 보기로 하자. 그것이 바로 루크레티우스의 원자이기도 하기 때문이다.

첨언. 우리는 루크레티우스와 에피쿠로스의 자연학을 같은 것으로 보고자 한다. 사실 루크레티우스와 에피쿠로스 사이(약 240년)에는 에피쿠로스와 데모크리토스 사이(약 120년)보다 두 배의 시대적 거리가 있다. 또한 로마와 아테네라는 공간적 거리도 존재한다. 그럼에도 둘의 사유를 동일시하는 이유는 두 가지다. 첫째, 에피쿠로스의 가르침은 폐쇄적이라고 해도 좋을 만큼 엄격한 학맥 속에서 보존되어 왔다. 둘째, 기원전 1세기 로마의 혼란은 두 세기 전 몰락한 아테네에서와 마찬가지로 영혼 치유의 철학을 필요로 했다. 즉 루크레티우스는 에피쿠로스와 다른 시공간에 있었지만 자기 구원이라는 헬레니즘적 문제의식을 깊이 공유하고 있었고, 그렇기에 실제로 그의 가르침에 진지하게 접속할 수 있었다.

최소-부분, 원자가 스스로 존재하기 위한 조건

원자를 어떻게 '살펴볼' 수 있을까? 현대물리학의 원자는 전자현미경으로 볼 수 있다고 하지만 고대의 원자는 어떤 방법으로도 관측될 수 없는 것, 감각 수준 아래의 것으로 정의된 '개념'이다. 보인다면 이미 그것은 원자가 아니게 된다. 그러니까 원자에 다가가기 위해 우리가 사용할 수 있는 장비는 오직 지성뿐이다. 원자를 보기 위해서는 사유의 현미경이 필요하다. 여기서부터는 이성과 추론의 향연이다!

앞에서 우리는 원자론이 선배 자연철학자들의 이론을 수용하고 반박하는 과정에서 태어났음을 확인했다. 비판의 가장 첨예한 대목은 다원론을 향했었다. 모든 속성을 빚어내는 사물의 근본적 씨앗들이 어떻게 속성을 가질 수 있겠는가? 사물의 속성은 끊임없이 변한다. 논리적 유/무의 늪에 빠지지 않기 위해서는, 그 변화상을 주관하는 변하지 않는 원질은 완전한 무無속성이어야만 했다. "그것들은 온기와 / 모든 냉기

와도, 뜨거운 열기와도 결별해 있고, / 소리도 벗어 버렸고 풍미도 거른 채 옮겨지며, / 그 몸으로부터 그 어떤 고유한 냄새도 발산하지 않는다."(2: 843-846) 원자라는 사물의 씨앗들에는 우리가 아는 어떤 감각적 특질도 없다. 무색, 무취, 무미, 무음, 무감. 이유는 간단하다. 빛도, 냄새도, 소리도, 맛도, 느낌도 원자로 되어 있기 때문이다. 그럼 대체 원자는 무엇인가? 원자는 존재다. 무가 아니다. 그렇다면, 존재한다는 것은 무엇인가?

> 원자들은 형태, 무게, 크기 그리고 원래부터 형태와 연루되어 있을 수밖에 없는 성질들 외에는 감각 대상에 속하는 어떤 성질도 지니지 않는다고 생각해야 한다.에피쿠로스, 『에피쿠로스
> 쾌락』 54쪽

크기, 형태, 무게. 이 세 가지가 원자들이 지닌 유일한 특질이다. 존재의 최소 요소이면서 최대 요소인 셈이다. 언뜻 너무 당연해 보이고 그게 그거인 듯 보이지만, 자세히 보면 모두 엄밀한 사고실험으로 가다듬어진 규정들이며 나름의 윤리적 함축을 지닌다.

원자가 크기를 갖는다는 점은 원자의 정의로부터 나온다. "원자는 감각으로 인지할 수 있는 물체보다 훨씬 작기는

하지만 크기를 지니고 있다."에피쿠로스, 앞의 책, 57쪽 원자가 크기를 갖지 않고 제한 없이 작기만 한 것이라면, 그것은 더 이상 '존재'라고 할 수 없을 것이다. 무한히 작은 것끼리 모여도 여전히 무한히 작을 것이며, 그런 이상 감각세계의 사물들을 구성할 수 없기 때문이다. 고로, 원자들은 분명히 각자의 크기를 갖겠지만 그것은 원칙상 어디까지나 감각 수준 이하여야 한다.

두번째는 형태다. 이런저런 크기를 갖는 연장적 실체라면 당연히 이런저런 모양도 갖춰야만 할 것 같다. 초기 원자론자들은 이 점을 별다른 의문 없이 받아들였다. "그들[데모크리토스와 레우키포스]은 원소들 각각의 형태가 어떤 것이고 무엇인지에 대해 아무런 규정도 내리지 않았다."(아리스토텔레스)『소크라테스 이전 철학자들의 단편 선집』, 548쪽 하지만 그럴 때 까다로운 비판에 직면하게 된다. 원자들 각각이 고유한 형태를 갖는다면 무슨 일이 벌어지는가? 원자의 수는 무한하다. 그런데 어느 원자가 이 원자와는 이 점에서 다르고 저 원자와는 저 점에서 다르다면, 한 원자의 형태는 무한한 이질성을 갖지 않으면 안 된다. 따라서 그 독특함을 다 포함하기 위해서 원자는 무한한 크기가 되어야 한다. 그렇게 되면 어떤 원자는 감각될 수도 있을 것이며 우주만 한 원자도 가능해진다. 이 불합리성에 빠지지 않기 위해서는 한계를 도입해야 한다. "사물의 기원들은 / 그

형상의 변화방식에 있어서 한정되어 있다."(2: 479-480) 즉 원자들의 형태는 무수하지만 무한하지는 않다. 그렇다 해도 원자들의 창조력에는 변함이 없다. 알파벳 수는 한정되어 있으나 그것들의 조합에서 무한히 다양한 이야기가 쓰일 수 있음을 떠올리면 쉽다. 여기까진 좋다. 골치 아픈 문제는 한 발 더 들어갈 때 생긴다.

어떤 것이 형태를 갖는다는 것은 무슨 뜻인가? 그것 안에서 이쪽과 저쪽이 구분된다는 뜻이다. 이를테면 한 원자는 움푹한 지점이 있는가 하면 볼록 솟거나 뾰족한 지점이 있다는 것. 형태를 갖는 것은 부분을 갖는다. 그런데 원자, 즉 사물의 한계치가 또다시 부분을 갖는다니? 부분이 사유된다면 다시 (사유의 칼날에 의해) 나누어질 수도 있어야 하는 것 아닌가? 이건 모순처럼 보인다. 원자라는 개념은 여기서 근본적인 난관에 부딪힌다. 원자는 '더 나눌 수 없는 것'으로 정의되었지만, 그것의 연장적 형태를 고려하자 이론상 나눠져야 마땅한 것이 되어 버린 셈이다. 그렇다고 연장적 형태가 없다고 하면 그것은 수학적 점이 되거나 완전히 비자연적인 추상물이 될 것이다. 위도 아래도 안도 밖도 없는 유령 같은 물리량. 그건 다시 모여서 세상을 구성할 수 없다.

사실 이런 논리적 난점은 비단 에피쿠로스 원자론만의 것이 아니었다. 고대 인도 불교의 원자론이라 할 수 있는 '극미론'極微論을 주장했던 설일체유부說一切有部도 '극미에 부피가 있다면 부분으로 나눠질 수 있어야 하고, 부피가 없다면 어떤 것도 구성해 낼 수 없다'는 주장에 논박되고 말았다.

이 막다른 골목에서 에피쿠로스는 상당히 대범한 조치를 취한다. 원자에는 '최소-부분'(πέρας, perata)이 존재해야 한다고 주장한 것! 원자는 유한한 수의 최소-부분으로 되어 있다. 단, 그것들은 분리될 수도 섞일 수도 없다. 단지 원자들 각각의 크기와 형태를 결정하는 최소 단위이자 마디로 자리 잡고 있을 뿐이다. 즉 최소-부분들은 모두 상동이며, 그것들이 연접된 방식에 의해 한 원자 안에서 부위상의 차이가 만들어지고 원자들 간의 형상적 차이가 만들어진다. 이것이 위에서 말한 "형태와 필연적으로 결합된 여러 가지"다. 에피쿠로스는 이 최소-부분을 우리가 '사유의 현미경'으로 볼 수 있는 한계이자 단위 척도로 이해하자고 제안한다. 원자의 최소-부분들은 원자의 크기와 모양을 결정짓는 일차 단위이지만 그보다 더 작은 범위는 사유될 수 없다. 더 내려가면 사유는 공허하고 소모적인 무한 분할의 늪에 떨어질 뿐이다. "최소의 것이 존재하지 않는다면, 각각의 가장 작은 / 몸체들은 무한한 부분들로 되어 있을 것이다."(1: 615-616)

여전히 모호하다. 원자를 이루는 최소-부분들, 분리되지 않으나 구분되는 단위들. 논리적으로 잡음이 많아 보이는 이

'최소의 최소'에 대해 에피쿠로스는 더 자세히 적고 있지 않다. 우리는 이렇게 상상해 보면 어떨까? 어떤 연구자들은 원자의 최소-부분을 건축물의 '모듈'에 비유하기도 한다. 파르테논 신전의 기둥을 이루는 일정한 길이 단위들처럼 말이다. 어릴 때 돌려서 맞춰 보던 장난감 큐브의 조각들 혹은 삼차원 테트리스 블록들이 떠오르기도 한다. 어쨌든 원자의 최소-부분이라는 이 기묘한 설정은, 원자가 크기 및 형태를 가지고 있으며 그 형태적 다양성이 어떤 방식으로 형성되는지를 설명한다. 하지만 이게 전부일까? 에피쿠로스가 이런 무리수를 써서라도 하고 싶었던 진짜 이야기는 따로 있지 않을까?

만약 원자의 최소-부분이라는 규정이 없다면 어떨까? 원자의 크기나 형태의 차이는 물론 그 존재 자체가 정립될 수 없을 것이며, 물질의 근원을 설명하려는 시도는 무한소급에 빠질 것이다. 그렇게 되면 물질은 결국 무無에 이르거나, 전체이자 일자一者와 다름없게 될 것이다. 아니면 수학적 추상물이 되거나, 가장 쉽게는 제1원인인 신에 의해 창조되고 운행되는 무력한 피조물이 되어 버릴 것이다. 이러한 결과에 이른다면, 아무리 정밀하다 한들 이 같은 자연학이 무슨 쓸모가 있을 것인가!

원자와 허공은 사물을 구성하는 원리였다. 그런 원자가 원리로서 유효하기 위해서는 자신의 실재를 정초하는 근거를 자신 안에 지니고 있어야만 한다. 최소-부분들은 원자의 차이를 구성하는 동시에 개별성과 고유성을 보장하는 원리다. 원자를 원자로 실존하게 하는 원리. 존재를 무나 전체로 떨어뜨리지 않을 원리. 에피쿠로스는 이 원리가 다른 무엇이 아닌 원자 자체에 내재하고 있음을, 그렇기에 원자는 다른 무엇에 의해서가 아니라 스스로에 의해 원자일 수 있음을 말하고 싶었던 것 아닐까?

무게, 원자가 스스로 운동하기 위한 조건

원자의 세번째 특질인 무게가 앞의 추론에 힘을 실어 준다. 에피쿠로스는 무게가 원자의 고유한 성질임을 명시했다. 이것 또한 새삼스럽다. 크기를 가진 것은 당연히 무게가 있지 않을까? 초기 원자론자들은 그렇게 생각했던 것 같다. "데모크리토스는 나눌 수 없는 것들 각각은 [크기가] 더 크면 더 무겁다고 말한다."(아리스토텔레스)『소크라테스 이전 철학자들의 단편 선집』, 550쪽 그는 무게를 그저 크기에 따라붙는 그림자쯤으로 여겨서, 원자의 무게에 대해서는 따로 언급하지 않은 듯 보인다. 그가 속했던 압데라학파의 이론은 "무거운 물체들이 위에서 아래로 향하는 경향은 따로 떨어진 개별 원자들에 내재하는 것이라기보다는 오히려 우주를 발생시키는 회오리가 만들어지는 과정 중에 획득되는"장 살렘, 『고대 원자론』, 양창렬 옮김, 난장, 2009, 30쪽 효과로 설명하고 있다. 무게를 밖에서 부여받은 일시적 운동량이자 부수적인 현상으로 여겼던 것이다.

사실 쉼 없이 운동 중인 원자들을 고려하면 무게의 문제를 그런 식으로 처리할 수도 있다. 무게가 있다고 하든 없다고 하든, 무수한 원자들이 이합집산하는 우주는 겉보기에 별반 다르지 않을 테니까. 하지만 원자 자체를 들여다보면 커다란 차이가 난다. 데모크리토스의 이론에서 원자들은 시초의 회오리에서 유래된 동력으로 작동되는 수동적 조각들에 지나지 않게 된다. 외부 동력에 의존할 뿐인 무력한 객체들. 이 원자는 허공 속을 나아갈 때도, 다른 원자들과 부딪힐 때에도 외력에 의해 규정된다. 그럴 때 우주는 무능력한 반작용의 장이되어 버린다. 그리고 그 모든 반작용을 거슬러 올라가, 최초의 작용이 출발하는 시초적·근원적 중심이 상정될 수밖에 없게된다. 데모크리토스에게 그것은 회오리였다.

반면 에피쿠로스의 원자들은 "자체의 무게로 인하여 허공을 통하여 곧장 아래로 움직이고 있"(2: 217)다. 무게가 원자자체에 내재된 특질로 설정된 이상, 원자는 자기 운동의 중심을 다른 어딘가가 아니라 자신 안에 지니게 된다. 그렇기에 원자는 부여받은 외력에 의해서가 아니라 스스로의 힘으로 허공과 관계하고 다른 원자들과 관계한다. 즉 무게라는 본질은 원자에게 관계 맺음의 중심이 되며 환원될 수 없는 고유성의 근거다.

우주는 그런 원자들로 되어 있다. 중심은 곳곳에 있고, 다양한 것들의 다양한 운동은 세계에 어떤 단일 중심이나 전체도 허락하지 않는다. 이런 다원성이 전제될 때만이 어떤 것이 자기가 아닌 것과 마주치는 사건이 일어날 수 있다. 마주침은 객관적인 물체들의 충돌로 환원되지 않는 사건이다. 마주침은 개체들 사이에 이전과 이후의 배치가 완전히 달라지는 불연속을 발생시키고 전혀 다른 국면에 접어들게 한다. 우주는 이런 무수한 마주침들로 끊임없이 반짝이는 흐름이어야지 뻔한 반작용으로 점철된 기계장치여서는 안 된다. 이것이 에피쿠로스가 원자의 무게를 사유하며 그리려는 우주의 모습이다.

정리해 보자. 우리는 사유의 현미경으로 원자를 관찰했다. 사물의 본성으로서의 원자는 존재의 최소 조건으로서 크기, 형태, 무게를 가져야 했다. 여기에 디테일한 사고실험이 덧붙어, '최소-부분'과 무게가 원자를 실존하게 하는 한계/경계이자 원리로 고려되었다. 하지만 이것만으로는 아직 생생 불식하는 우주의 충만함을 다 설명할 수는 없다. 우리는 이제 겨우 원자의 특질을 살펴봤을 뿐이다. 여기서 더 나아가 결합하고 해체하며 삼라만상을 빚어내는 양상에 포커스를 맞출 필요가 있다. 그러기 위해서는 원자 자체에서 눈을 돌려 허공 속을 움직이는 원자를 고려해야 한다. 즉 원자의 운동에 초점을 맞춰야 한다. 세계는 왜 그리고 어떻게 운동하는 걸까? 여기서 우리는 고대 원자론에서 가장 놀랍고 뜨거운 이슈 하나를 만나게 된다. 원자론의 꽃이랄까. 철학사에서 요란한 스캔들을 일으켰던 이 문제적 개념의 이름은 바로 '클리나멘'이다.

7화 클리나멘과 샛길의 윤리학

경로를 이탈하였습니다

참 의아하다. 나 같은 촌놈이 어쩌다가 서울 한복판에 살고 있으며, 이런 무식이가 무슨 일로 철학 공부를 한다고 책을 파고 있는 걸까? 게다가 생전 들어본 적 없는 루크레티우스에 대한 글을 쓰고 있는 것은 무슨 영문인지! 새벽녘, 나도 모르게 센티해지면 문득 지금의 생활이 낯설게 느껴진다. 어느 누구의 삶인들 다르겠는가마는, 내 짧은 인생행로에는 자꾸만 의문이 남고 곱씹게 되는 지점들이 몇 개 있다. 비슷하게 흘러가던 날들이 갑자기 다른 길로 돌아서게 되는, 우연적이고 돌발적인 변곡점들 말이다. 지금으로선 두 가지가 떠오른다. 태어나고 자란 교회공동체를 나오게 된 때. 그리고 어렵사리 들어간

대학을 그만두던 때.

명절 때 고향에 가면 가끔 교회 소식을 건너 듣는다. 한 방에서 함께 뒹굴고 매일같이 산과 들을 쏘다녔던 친구들은 잘 있으려나. 방황이라 불리는 시기를 보냈을지 모르겠지만, 그들은 지금도 하느님과 공동체를 위해 봉사하는 삶을 살고 있다. 매주 예배를 드리고 사순절을 지키며 시골 개척교회 특유의 독립적인(혹은 폐쇄적인) 문화 속에 몸담고 있다. 이젠 얼굴이 잘 기억나지 않는 어머니가 전과 같이 헌신하고 계실 그 곳에. 내가 열다섯 살이 되던 해, 아버지는 반평생을 바쳤던 교회공동체를 나오셨다. 나는 무서움 반 의심 반으로 아직 어색했던 아버지를 따라나섰다. 왜 익숙한 동네와 친구들을 택하지 않았는지는 모르겠다. 음울한 교회 풍경, 시골 중학교의 학교폭력, 사춘기의 알 수 없는 모험심 등 여러 요인이 있었겠지만, 모두 지금 와서 하는 추측일 뿐이다. 우물 밖을 나온 나는 곧바로 기숙형 대안학교에 다녔고 전국에서 온 아이들을 만나며 '일반적인' 세상을 접할 수 있었다. 예배가 없는 일요일, 외식을 다니고 여행을 떠나는 가족, 무엇보다 자기 자신의 성공을 위해 하는 공부가 있다는 것에 놀랐다. 해방감과 혼란이 뒤섞인 묘한 기분이 일 년 정도 이어졌다. 그저 평범한 학생이 된 것이지만 나로서는 중대한 '경로 이탈' 사건이었다. '어쩌다 보니' 신앙심이나 영혼의 상태가 전혀 문제 되지 않는 세상으로 나오게 된 것이다.

　내가 다닌 '대안학교'는 별로 '대안적이지 않은' 출세 지향적 학교였고, 인정에 목말랐던 나 또한 이를 악물고 공부해서 서울로 대학을 왔다. 나름의 야망도 있었다. 세계의 환경 문제를 책임지겠다는 꿈과 사회적으로 경제적으로 성공하겠다는 꿈(목표는 무려 UN이었다!). 중고딩 시절에 그랬듯 대학에서도 성실히 과정을 밟아 갈 계획이었다. 선배들과 동기들을 따라 학점을 관리하고 차근차근 스펙도 쌓아 가야지. 군대에서조차 토익이나 자격증 책을 펼쳤다. 그런데 웬걸, 복학 후 한 학기를 마친 나는 휴학을 했고 그해 가을 학교를 그만뒀다. 환경을 살리는 일과도 큰 관련이 없고 사회적 성공과는 완전히 반대에 놓인, 연구실을 오가는 백수의 삶이 시작된 것이다. 불과 몇 년 전 일이지만, 생각해 보면 이 또한 희한한 궤도 변경이다. 지금은 모두 번듯한 직장에 취직한 동기들을 뒤로하고, 안정이나 출세와는 동떨어진 길에 들어선 것이다. 역시 '어쩌다 보니'.

　이 두 사건이 의아한 이유는, 내가 기질상 그 공간의 코드에 맞춰 적응해 가는 종류의 사람이라는 데 있다. 교회에도 회사에도 꼭 어울릴 법한, 주어진 규범대로 살아가는 타입 말이다. 그렇지만 나는 하느님의 종도 착실한 환경공학도도 되지 않았다. 나는 시골 교회의 궤도로부터, 그리고 대학과 성공의 노선으로부터 이탈했고, 사는 공간도, 생활 방식도, 원하는 것들도 아주 달라졌다. 당시에도 그랬지만 아직도 왜, 무엇 때문에 이렇게 된 건지 뾰족하게 짚어 낼 수가 없다. 확실한 건 내가 의도하거나 계획한 일은 아니라는 점이다. 그렇다고 다른 누가 한 일도 아니다. 신? 신의 뜻이라면 교회를 등지게 할 리가 없잖은가. '보이지 않는 손' 같은 법칙이라면 경제 논리가 안 통하는 생활로 인도할 리가 없다. 그러니까 이 변곡점에는 이렇다 할 인과가 보이지 않는다. 그렇다면 필연이나 운명 같은 것일까?

물론 여러 계기들이 복합적으로 얽혀 있던 것은 맞다. 교회 밖에 아버지의 집이 있었고, 먼저 교회를 떠난 형들이 있었다. 대학 밖에 공부 공간이 있었고, 먼저 연구실 생활을 하고 있던 청년들이 있었다. 하지만 이런 요소들은 언제나 그와 반대되는 요소들과 공존했다. 교회에 머물 이유도 대학에 머물 이유도 충분했으며, 오히려 압도적이었다. 따라서 이 사건은 외부 요인들만으로는 다 설명되지 않는다. '어쩌다 보니' 나는 순간적 선택을 하게 됐고, 그건 나답지 않았을지라도 내게서 나온 것이었다. 그렇다면, 혹시, 그때 내 안에 어떤 예기치 못한 힘이 있었다고 말할 수는 없을까? 주어지는 대로만 결정되지 않을, 부여받은 운동을 약간 비틀 역량 같은 것 말이다. 요컨대, 우리 삶에 우발적 경로 이탈을 일으키는 그 무언가를 우리의 본성 속에서, 즉 사물의 본성 속에서 생각해 볼 수는 없을까?

운동의 끝에서 운명을 비틀다

> 이 주제와 관련해서 이것도 그대가 알기를 원하노라, / 즉
> 물체들이 자체의 무게로 인하여 허공을 통하여 곧장 아래로
> / 움직이고 있을 때, 아주 불특정한 시간, / 불특정한 장소에
> 서 자기 자리로부터 조금, / 단지 움직임이 조금 바뀌었다고
> 말할 수만 있을 정도로 비껴났다는 것을.(2: 216-220)

원자들은 자신의 운동 경로에서 아주 미세하게, 시간적으로 공간적으로 지정 불가능한 수준에서 비껴난다. 그리고 이 비껴남은 다른 무엇이 아닌 원자 자신에 의해 일어난다. 몇 행에 불과한 내용이지만 이 문장이 불러온 논란과 파장은 작지 않았다. 잘 나아가던 원자가 도대체 왜 그리고 어떻게 제 궤도를 멋대로 벗어난다는 말인가!? 키케로는 "자연학자들에게 어떤 것이 원인 없이 일어난다고 주장하는 것만큼 불명예스러운 일은 없다"마르쿠스 툴리우스 키케로, 『키케로의 최고선악론』 김창성 옮김, 서광사, 1999, 23쪽며 클리나멘은 미숙한 창안물이자 물리학의 수

치라고 맹비난했다. 몇몇 진지한 근대 과학자들 또한 이것은 관성의 원리에도 맞지 않고 실험적으로 관찰할 수도 없는 비과학적 현상이라며 선을 그었다. 반면 어떤 이들은 여기서 사회를 바꿀 혁명적 비전을 보았고 현대물리학의 난제들을 해명할 아이디어를 얻기도 했다. 고대에서 현대까지 '클리나멘'이라는 개념은 과학과 철학 영역에서 커다란 스캔들을 일으켜 왔던 것이다. 조롱과 비난의 대상이 되어 온 동시에 영감과 통찰을 선사해 온 뜨거운 개념! 이 사유의 맥락을 클로즈업해 보자.

원자는 존재이지만 끊임없이 운동하는 존재다. "기본적인 몸체들에게는 어떤 휴식도 주어져 있지 않"(2: 96)으므로 세계를 이해하기 위해서는 운동을 이해해야 한다. 운동이란 정확히 무엇인가? 그것은 원자들이 허공과 갖는 관계이자 다른 원자들과 갖는 관계다. 원자는 허공과의 관계에서 방해받지 않고 자신의 무게에 의해 곧장 나아간다. 그러다가 다른 원자를 만나면 충돌로 인해 튕겨 나간다. 나아감과 튕겨남, 이 두 운동으로 만물의 결합-해체가 이어지고 삼라만상이 영위된다. 따라서 운동의 원인은 무게와 충돌, 이 두 가지로 요약된다. "사물들의 모든 기원은, 그것이 무게를 지님으로 해서, 아니면 때때로 / 다른 것의 충격에 의해 이동"(2: 84-85)한다. 여기까지가 초기 원자론에서 정리될 수 있는 결론이다. 하지만 루크레티우스는 한 가지를 추가한다. "운동들에게는 타격과 무게 이외의 다른 원인이 있다."(2: 285) 바로 원자들의 자발적 비껴남, 클리나멘이다.

사실 무게와 충돌만으로도 원자의 운동과 우주의 운행은 이상 없이 설명되는 것 같다. 하지만 그 시작이나 끝으로 무한히 거슬러 가보면 어떨까? 자연학의 논의가 형이상학 및 윤리학의 질문들과 연결되고 다져지면서, 원자론은 서로 연관되어 있는 두 가지 난점에 부딪혔다. 하나는 세계를 결정론적 필연에 빠뜨릴 위험성이고, 다른 하나는 운동의 기원에 있어서의 모호함이다. 운동이 타격으로 규정되는 한, 그 메커니즘이 아무리 복잡하다 해도, 원자의 움직임은 이전과 이후가 파악 가능한 '직선 궤도'들로 환원된다. 타격 각도와 세기를 알면 다음 순간의 동선이 계산되는 당구공처럼 말이다. 여기서 모든 운동은 이론적 시뮬레이션 안에 넣을 수 있는 것이 된다. 그렇게 되면 무슨 일이 벌어지는가? 이 충돌 이전, 그보다 더 이전으로 소급해 올라가게 되고, 결국 '최초의 운동은 어떻게 그리고 왜 시작되었는가?'라는 벽에 다다르고 만다. '최초의 원인' 뒤에는 언제나 초월적 목적론의 그림자가 숨어 있다.

초기 원자론에서 찾을 수 있는 시초인 회오리는 하나의 이미지였지 원리나 설명이 아니었다. 사실 이런 문제제기는 아리스토텔레스로 대표되는 후대 비판자들에게서 나왔다. 데모크리토스는 운동의 시작이나 이유가 따로 설명되어야 할 필요를 느끼지 못했다. 고대 자연철학의 전통에서 운동은 '이미 항상' 있어 온 것으로 여겨졌기 때문이다. 없었던 적 없는 것의 최초를 왜 생각해야 한단 말인가? 하지만 사정은 달라졌다. 시대가 변했고, 자연학의 세부 사항 하나하나는 윤리적 비전들로 이어질 수 있었다. 운동의 법칙성 및 기원에 관한 문제는 그냥 넘어갈 수 없는 것이었다. 그것은 사유되고 논의될 수 있어야 했고, 자연의 이치 안에서 다뤄져야 했다. 그렇지 않으면 원자론은 근본 없는 이야기이자 세계의 역동성을 무력화하는 견해가 되어 인간 삶에 아무런 도움이 안 될 것이다.

따라서 에피쿠로스와 루크레티우스에게 운동의 기원과 원리를 해명하는 일은 그들 시대에 팽배했던 숙명론 및 체념주의와 맞서는 일이요, 목적론 및 종교적 미신과 싸우는 일이기도 했다. "만일 항상 모든 운동이 연결되어 있고, / 새 운동은 옛 운동으로부터 정해진 순서를 좇아 생겨난다면" 모든 원자들은 "운명의 법"에 종속되고 만다(2: 251-254). 원자들의 운동이 숙명의 사슬에 종속되어 있다면, 원자들로 이뤄진 우리의 삶도 마찬가지여야 한다. 우리는 주어진 조건, 자라난 환경, 타고난 기질대로만 살게 될 것이다. 상실에 허덕이고 두려움에 떨고 있는 사람들에게 이보다 절망스러운 소식이 있을까? 하여 에피쿠로스도 말하지 않았는가? "자연철학자들이 말하는 운명의 노예가 되는 것보다 차라리 신들에 관한 이야기를 따르는 것이 더 낫"디오게네스 라에르티오스, 『유명한 철학자들의 생애와 사상 2』, 392쪽다고.

지금과는 다르게 살 수 있지 않을까? 조건을 완전히 벗어나지는 못하더라도, 조건 지어진 대로만 살지 않을 수는 있지 않을까? 이런 질문을 품은 이상 운동을 정초할 전혀 다른 원리가 필요했다. 무게와 충돌이라는 원인은 불충분하다. 그것들은 예정된 경로와 결정된 만남만을 제공할 뿐이기 때문이다. 원자는 직선을 벗어나야만 한다. 존재는 가장 근원적 수준에서조차 숙명에 가둬지지 않아야 한다. 하지만 이러한 이탈의 힘, 계산되지도 짐작되지도 않는 접속을 시작할 수 있는 힘은 다른 곳에서 나와서는 안 된다. 이 우주 바깥에 '최초의 기원'을 상정하지 않으려면 그것은 개체의 실존 자체에서 나와야 한다. 클리나멘 개념은 이런 문제의식과 공명하고 있었고, 이전까지의 자연학에서 사유된 적 없었던 것을 사유해야만 하는 상황에서 고안되었다.

사유할 수 없는 운동을 사유하기

'클리나멘'(clinámen)이란 무엇인가? 그것은 기울어짐, 빗나감,

벗어남 등의 뜻을 가진 라틴어로서 편위偏位(declination), 경향(inclination), 일탈(deviation) 등으로 번역되곤 한다. 루크레티우스는 자신의 무게로 인한 원자의 직선 운동이 어느 순간, 다른 원자와의 충돌 없이도, 비스듬히 기울어져 운동한다고 말했다. 즉 원자 스스로가 자신의 이전 운동과 미분적인 차이를 발생시키는 것이다. 이 우발적 벡터 변경, 찰나적 자기차이화 운동이 클리나멘이다. 원자는 클리나멘을 내재한다. 자신의 자리를 고수하지 않을 수 있는 자기 동력, 규정되는 대로 반복하지 않을 수 있는 자기 분열적인 힘이 사물의 가장 작은 단위에 내재되어 있다는 얘기다! 루크레티우스는 무게와 충돌에 이어 클리나멘을 운동의 또 다른 원리로 도입했고, 어떤 최초 원인도, 어떤 결정론적 운명이나 숙명도 끼어들 수 없는 생성의 우주를 그려 냈다. 즉 우주는 그 가장 미세한 차원에서부터 초월자로의 환원을 거부하는 진동들을 함축하고 있는 창조적인 장場이다.

　하지만 이내 질문들이 날아온다. 그럼 그 클리나멘은 왜 일어나는가? 그것이 실재한다는 추론의 근거는 무엇인가? 사실 루크레티우스는 클리나멘의 원인에 대해서 말하지 않았고 그것의 증거를 실증적으로 제시하지도 않았다. 클리나멘은 원자의 무게나 형태처럼 원자 자체의 본성으로 도입되었다. 그리고 그 근거로 제시된 것들이란, 생명체가 갖는 "운명

으로부터 빼앗아 낸 의지" 또는 "쾌락이 각자를 이끄는 방향
으로 나아가"(2: 258)는 경향 같은 다소 심리적인 현상들이었
다. 이는 역학적으로 설득력이 떨어지는 논증이었다. 게다가
이 편위 운동이 직선 운동과 어떻게 공존하는지도 잘 설명되
지 않고 있다. 그러니까 물리학의 관점에서 클리나멘이라는
개념은 정합성이 다소 부실했던 것이다. 그래서 키케로는 "만
약 원자들이 그처럼 혼란하게 경주한다면, 세상의 체계는 존
재할 수 없다"마르쿠스 툴리우스 키케로, 『키케로의 최고선악론』, 23쪽고 꼬집기
도 했다. 여러 사상가들에게도 클리나멘은 '원인 없는 무작위
운동'이나 '우연의 철학자가 개발한 무질서 운동'이라 불리며
농담과 비난의 대상이 되어 왔다.

　이제 반론의 시간이다. 과연 논증될 수 있는 것만이 사유
되어야 하는가? 인과가 선명하고 경험세계에 항상 부합하는
것만을 논해야 하는가? 이것은 과학과 철학의 경계에 대한 질
문이기도 하다. 물론 고대 과학은 근대 과학처럼 엄격한 실험
적 검증을 요구하지는 않았지만, 여기에서도 개념들은 체계
속에서 입증될 수 있어야 했다. 즉 관찰되는 현상 전반을 아우
를 수 있어야 했고 상식(인과론)을 벗어나지 않아야 했다. 클
리나멘은 마치 이 룰을 어기는 것처럼 보인다. '왜'와 '어떻게'
에 성실히 대답하지 않는 것처럼 보인다.

　하지만 우리는 루크레티우스가 이 개념의 정의에 명시했

던 "아주 불특정한 시간, 불특정한 장소에서"라는 문구에 주목할 필요가 있다. 이때의 '불특정한'(incertus)은 랜덤이라거나 무작위적이라는 뜻이 아니라 우리 수준에서 '지정할 수 없는'이라는 뜻이다. 즉 저 규정은 "'사유 가능한 연속적인 시간의 최소치보다 훨씬 더 작은 시간 속에서'를 의미한다."질 들뢰즈, 『들뢰즈가 만든 철학사』, 「루크레티우스와 자연주의」, 65쪽 그러니까 클리나멘의 우발성은 비결정적 확률도 무질서적 변덕도 아니다. 단지 포착되지 않고 가늠되지 않을 뿐이지, 그것은 존재의 내적 원리의 온전한 발현이다. 그런 점에서 클리나멘은 원인을 결여한 우연적 운동이 아니다. 그렇게 보인다면 단지 우리가 생각할 수 있는 한계 아래서 일어나기 때문이다. 그 어떤 것도 무無에서 생겨나지 않는다. 그렇다면 왜 클리나멘이 일상적 물리 현상들로 논증되지 않았는지도 이해가 된다. 요동은 너무나 미세해서 거시세계의 동역학으로 환원될 수 없다. 그렇기에 무게나 충돌에 의한 직선 운동들과 공존할 수 있는 것이며, 키케로의 우려대로 '세상의 체계'를 파괴하지도 않는 것이다. 도처에서 클리나멘이 돌발하지만 미세하게 "밀쳐진 것이 다시 제어되고 되돌아 다시 자리 잡는다."(2: 283) 눈앞의 사물들이 갑자기 와해되어 버리지 않는 것은 그 때문이다. "생겨나 버릇하던 것들은 같은 여건을 따라 / 생겨나고 존재하고 성장하고 힘에 있어 왕성할 것이다, / 자연의 협정에 의해 각각에게 주어진 만큼."(2: 300-302) 변화는 산재하나 리듬은 지속된다.

클리나멘은 어떤 경우에도 무질서를 불러오지 않는다. 요동이 야기하는 것은 다른 질서이지 카오스가 아니다. 이 사실은 생각거리를 남긴다. 왜냐하면 전환의 기회마다 우리를 겁먹게 하고 단념하게 하는 것이 바로 이탈에서 예상되는 혼란이기 때문이다. 지금까지의 질서, 머물러 온 터전과 관계들을 벗어나는 일은 무섭다. 이대로 길을 잃는 건 아닐까, 완전히 잘못돼 버리는 건 아닐까, 차라리 남는 게 낫지 않았을까…. 되돌아보면, 교회를 떠나오는 차 안에서 나는 얼마나 떨었던가? 별다른 수가 없어 의젓한 척했지만, 그 낯선 아파트와 스산한 동네에 덩그러니 놓였던 열다섯 살의 겨울은 얼마나 초조하고 막막했던가? 대학을 나올 때도 마찬가지였다. 내게 남은 유일한 그 동아줄을 쥐고서 얼마나 머뭇거리고 주저했던가. 두 경우 모두 그 다음이 잘 그려지지 않았다. 뾰족한답은 보이지 않았다. 하지만 막상 다른 스텝을 내딛고 나니 거기에는 또 다른 세계, 또 다른 질서가 있었다. 웃을 일이 있었고, 소중한 인연들이 있었으며, 역시 어려움도 있었다.

우리는 삶의 경로에서의 이탈, 비껴남, 방향 전환이 무질서와 혼돈을 가져오리라 생각한다. 교회를 떠나면 시험에 들고 영이 타락할 거라고, 대학을 관두면 뒤처지고 고생할 거라고 생각한다. 실제로 그런 말들이 들려온다. 하지만 이는, 인간적인 너무나 인간적인 관점에 박혀 있을 때 빠지는 기우요, 클리나멘의 우주를 이해하지 못할 때 반복하는 오해다. 자연의 흐름은 요동과 '더불어' 계속되고 있다. 요동은 오히려 그 리듬이 단조롭지 않고 더 풍성하도록 만들고 있다. 현대의 과학자들은 하나같이 우주가 언제나 제 스스로 아름답고 조화롭다고 말한다. 양자들이 파동인 듯 입자인 듯 도깨비처럼 행동하고, 별들 사이가 정체불명의 암흑물질로 가득해도, 그것은 우리 인간의 질서에서 그렇게 보일 뿐이다. 카오스는 이쪽 코스모스에서 본 저쪽 코스모스의 한 단면이다. 우리가 우주를 믿는다면, 우리의 안팎에서 일어나는 미세한 방향 전환, 알 수 없는 이끌림, 마음결의 진동들을 무서워할 필요가 없다. 그 것들은 다른 코스모스에서 보내오는 신호 혹은 노크일 수 있다. 클리나멘은 이탈인 동시에 돌입이다. 그것은 다른 질서를 열어 내는 열쇠구멍이지 무질서로 떨어뜨리는 함정이 아니다. 이 사실을 기억하는 것은 용기를 준다.

들뢰즈는 철학이란 사유할 수 없는 것을 사유하는 것이라고 말했다. 그 시도의 산물인 동시에 도구가 클리나멘이다. 이 개념이 요청된 자리는 어디였던가? 운동의 기원 혹은 세계의 기원이라는 문제였고, 그것은 사유할 수 있는 것과 사유할 수 없는 것의 경계였다. 루크레티우스의 선배들은 그곳에 일자一者, 회오리, 신-장인, 제1원인, 섭리 등을 두었고, 기원을 하나의 중심 혹은 원인으로 봉합하고 말았다. 사유는 거기서 금지되고 봉쇄되었다. 그 너머에 대해 우리는 더 말할 수 없다. 기원 이전은 지금 운행되는 우주와는 단절된 차원이다. 하지만 루크레티우스는 바로 그 단절점, 사유할 수 있는 것의 가장자리에서 물음을 던진다. 시작점 이전의 운동, 운동법칙 바깥의 운동, 사유 가능한 시간·공간의 최소치보다 훨씬 더 작은 시간·공간 속에서 진행되는 운동이 있지 않을까? 이는 마치 우주의 끝에 다다른 전사가 그 경계 밖으로 창을 던져 보는 것과 같다. 창이 계속 나아가건 부딪혀 떨어지건, 창에는 무슨 일인가 일어났고 그와 함께 경계 너머의 자리가 사유되기 시작한다. 사유를 통해 사유 밖으로 도주하기. 이것이 루크레티우스의 철학하기다.

"온 공간이 한정되어 있다고 가정한다면, / 그리고 누군가가 저 가장자리 해안으로 끝까지 / 내달아서 투창을 던진다고 한다면, / 당신은 그것이 강한 힘으로 투사되어 애초에 던져진 방향으로 / 멀리 날아서 가는 쪽을 택할 것인가, / 아니면 무엇인가가 막고 방해하리라고 생각하는가? (……) 이런 방식으로 나는 따라붙으리라, 그리고 당신이 어디에 그 가장자리 해안을 / 놓든지 간에, 결국 그 창에 무슨 일이 일어났는지 물으리라. / (이렇게 되면) 그 어떤 경계도 놓일 수 없게 될 것이며, / 도망의 기회가 계속 그대의 도주를 연장시키게 될

것이다."(1:968-983)

원자들의 클리나멘이 돌발하고 있는 우주. 여기서는 태초의 원인, 창조의 시작점, 운동의 원리가 무수한 원자들 각각에 스며들어 있다. 운동들을 하나로 모을 전체 원인은 설 자리가 없다. 운동들 사이사이로 운동들이 비집고 나온다. 총체화는 불가능하다. 아무리 거슬러 올라가도 세계는 운동 중이고, 우주는 매번 새로운 국면을 시작하고 또 마치고 있다. 세계는 자기 밖에 어떤 원인도 둘 필요가 없다. 우주는 완벽하게 내재적이다. 이런 우주를 열어 주는 클리나멘은 그 물리적 근거가 탄탄하지 않다는 이유로 논의에서 추방되기에는 너무나 놀라운 개념이다. 그래서 실증성에 집착하는 사람들이 그것을 외면하는 동안, 마르크스, 들뢰즈, 알튀세르, 세르 같은 철학자들은 거기서 새로운 비전들을 이끌어 냈고, 수많은 예술가들과 과학자들도 영감을 얻었다. 그렇다면 이제 남은 일은 하나, 이 멋진 개념-도구를 나의 현실에서 어떻게 작동시킬 것인가?

클리나멘과 자유의 길

에피쿠로스가 '푸지올로지아'(Phusiologia, 생리학)라고 불렀던 것은 과학과 철학 사이에 있었다. 그것은 자연에 대한 앎이었지만 오직 "주체를 자유로운 주체로, 즉 자기 자신 안에서 불변하고 완벽한 관능의 가능성과 원천을 발견하게 되는 주체로 변형시킨다는 한에서"미셸 푸코, 『주체의 해석학』, 275쪽의 자연 탐구였다. 생각해 보면 클리나멘은 이 자연학의 정의에 가장 잘 부합하는 개념이다. 운동의 원리를 해명하고 우주의 생동성을 설명하고 있긴 하지만, 이 개념의 가장 빛나는 힘은 그것이 인간의 삶을 완전히 다른 차원 속에서 보게 한다는 데 있기 때문이다.

> 그러니 이제 그대는 보지 않는가, 외적인 힘이 많은 사람을 / 밀치고, 자주 원치 않은 이들을 나아가게 강제하며, / 곤두박질쳐 쓸려 가게 하지만, 그렇다 해도 우리 가슴속에는 무엇인가 / 대항하여 싸우고 맞설 수 있는 것이 있다는 것을? (……) 하지만 정신 자체는 / 모든 일들이 일어나는 데 있어 내적인 강요를 가지지 않으며, / 마치 패배한 존재인 듯 견디고 참도록 강제되지 않는다는 사실, / 이 사실은 시초들의 아주 작은 비껴감이 만든다.(2: 277-292)

우리는 끊임없이 떠밀린다. 돈벌이에, 도덕에, 사람들의 평가에, 스스로의 허세에, 콘텐츠의 홍수에, 바쁜 일들에, 우울감과 원한에…. 때로는 갑갑한 채로 때로는 의식조차 못한 채로, 사회의 요구들에 떠밀리고 자신의 기질에 쓸려 간다. 체념과 환상을 오가면서, 그렇게 직선으로, 주어진 대로, 환경대로, 팔자대로 계속 나아가고만 있다. 흡사 좀비와도 같다. 산 것도 죽은 것도 아닌, 자기 활동을 꾸리지도 못하고 다른 이들을 살리거나 돕지도 못하는 모습. 그저 주어지는 자극들에 반응만 하고 있으면서, 살아가려는 것들을 끌어내리고 싶어 하는 모습. 좀비는 우리 시대 인간을 상징하는 대표적 이미지가 아닐까? 기계들이 모든 수고를 떠맡고 AI가 모든 사고를 대신하는 동안 좀비물이 범람한 것은 우연이 아닐지 모른다. 이 만연한 무력함에서 허우적거리는 우리에게 루크레티우스는 외친다. 우리는 그저 '패배한 존재인 듯 견디고 참도록 강제되지 않을 것'이다! 우리는 좀비로 살지 않을 수 있다. 밀리고 곤두박질쳐지고 쓸려 갈 때조차도 '우리 가슴속에는 대항하여 싸우고 맞설 수 있는 것'이 남아 있다. 주어진 조건들과 익숙한 습관들을 답습하는 것이 아닌, 되어 본 적 없는 자기 자신이 되게 할 계기들이 다른 어딘가가 아니라 나 자신 안에 내재되어 있다. 그 사실을 '시초들의 아주 작은 비껴감'이 증명한다. 우리가 우주를 믿는다면, 자기 자신도 믿을 수 있어야 한다.

자기 자신을 믿는다는 것은 무엇일까? 물론 조건의 영향은 막강하고 습관의 힘은 견고하다. 혼자서는 이 국면을 뒤집을 수 없다. 나는 여전히 휩쓸리고 취약하다. 하지만 취약하다는 그 사실이 말해 주는 것은 무엇인가? 나의 실존 자체가 이미 수많은 사람들의 손길에 의존해서, 셀 수 없는 동식물들의 무량한 증여에 기대서, 사물들의 복잡한 배치 속에서 구성되고 있다는 것이다. 너무나 다양한 힘들이 서로 맞물린 채 '나'를 통과하고 있다. 비록 그 물결 전체를 바꿀 수는 없을지라도 그중 몇 가닥이 다르게 흘러 들어오도록 꿈지락거릴 수는 있지 않을까? 배선 몇 개, 부품 몇 개의 방향을 틀어 놓을 수 있지 않을까? 제 길에서 1도 비껴난 원자는 예정되지 않았던 원자들과의 만남에 돌입하고, 그 낯선 접속의 연쇄는 이전과 다른 복합물의 생성으로 이어진다. 우리의 작은 시도들도 마찬가지다. 극적인 전환이 펼쳐지지 않더라도 그것은 우리에게 전혀 다른 만남들과 관계들을 열어 줄 것이다. 내가 할 수 있는 것은 미소한 벡터 변환뿐이며 나머지는 샛길마다 기다리고 있는 인연들이 도와줄 것이다. 우리는 세상에 혼자 맞서고 있지 않다. "'친구들이 도와줄 것이다'라는 믿음이 우리를 돕는다." 에피쿠로스, 『쾌락』, 「바티칸 소장 문헌 34」, 29쪽 에피쿠로스는 이런 우정의 힘을 믿었기에 헬레니즘 시대 같은 난세 속에서도 "우리는 지복에 이를 수 있다"고 자신 있게 말한 것이다.

우주를 믿고, 자신을 믿고, 타자를 믿기. 이는 결코 대책 없는 낙관이나 공상이 아닌데, 이 믿음 자체가 우리를 전처럼 무력하게 내버려 두지 않기 때문이다. 어떤 직선도 요동을 포함하고 있음, 이곳의 질서조차 일련의 이탈들에서 기원했음을 이해할 때(적어도 되새길 때), 우리는 지금의 상황을 절대화하지 않을 수 있다. 체념을 곱씹을 이유도 환상을 부풀릴 이유도 없다. 전환의 계기는 도처에 있다. 변곡점, 기회, 열쇠구멍은 우리의 안팎을 수놓고 있다. 그러나 그렇다고 해서 갑자기 스스로를 일변시킬 수 있는 것은 아니다. 그럴 수 없음에 자책할 필요도 없다. 우리가 무수한 타자들에 의존하고 있으며, 나라는 존재 안으로 이미 무수한 타자들이 개입되고 있음을 이해하는 이상, 우리는 뛰어난 능력을 꿈꾸며 자조하지 않을 수 있다. 전환은 나의 손닿는 곳에서 시작된다. 먹는 방식, 잠들고 일어나는 방식, 보고 듣는 콘텐츠들과 만나는 사람들을 바꾸는 데에서 시작한다. 나는 나의 발밑을 바꿀 수 있을 뿐이지만, 그보다 중요한 일은 없다. 더할 나위 없는 니체의 문장으로 바꾸면 이렇다.

가장 먼저 설득시켜야 하는 것은 바로 신체다. 중요하고 선택된 품행을 엄격하게 견지하는 것, '자신을 되는대로 방치하지' 않는 사람들 사이에서만 살아야 한다는 의무를 지키는 것, 이것들만으로 중요하고 선택된 인물이 되기에 완전히 충분하다.프리드리히 니체, 『우상의 황혼』, 박찬국 옮김, 아카넷, 2015, 160쪽 우리는 삶을 바꿀 수 있을까? 루크레티우스에게 묻는다면 조금은 뜸 들일 것이다. 우선 반대로 답하지 않을까. 삶이 우리를 바꿀 수 있다고. 삶의 클리나멘이 우리를 수렁 속에 내버려 두지 않을 것이라고. 그 우발적 국면들과 더불어 우리는 가까운 곳의 관계들 하나하나를 가다듬을 수 있을 뿐이다. 그러나 그 작은 부분적 변형들은 전체의 상호작용 양상을 바꾸고 톤을 바꾼다. 삶이 바뀐다면 바로 이런 의미에서다.

클리나멘 개념에서 뻗어 나간 이런 생각들은 내게 자유라는 문제를 되묻게 만든다. 나에게는 좀처럼 깨지지 않는 자유의 표상이 있다. 일들이 뜻대로 풀리지 않을 때마다 반사적으로 떠올리는 나의 자유 관념은 아무런 제약 없이 모든 것을 해낼 수 있는 능력이다. 시간 안에 척척 글을 써내고, 막힘없이 강의를 하고, 남은 시간에 영화도 보고, 신나게 운동도 하고, 뜨겁게 연애도 하는 초인적 능력. 조건에도 기질에도 전혀 구애받지 않는 전지전능함. 그런데 이건 내가 그토록 비판했던 '아이언맨의 꿈'과 다름없지 않은가? 이런 신적 자유의 이미지는 모두 자연의 운행을 무시한 채 우리의 바람만을 투사한 공상물이다. 루크레티우스에게 자유는 내키는 대로 행위하고 욕망할 수 있는 구식 자유가 아니다. 그가 자유의 이미지를 찾는 곳은 신이 아니라 자연이다.

"자연은 보인다, / 곧장 자유로운 것으로, 오만한 주인들

없이, / 자체가 스스로 자기 뜻대로 신들 없이 모든 것을 행하는 것으로."(2: 1090-1092) 자연은 비약하지 않는다. 그러면서도 한 순간도 반복하지 않는다. 자연은 매 순간 이전의 질서를 극복하고 있지만, 일련의 패턴을 그리며 고유한 지속을 이어 간다. 신들 없이, 즉 어떤 절대화된 규칙이나 순응할 법칙을 주인으로 삼지 않으면서. 그렇다면 몸을 가지고 살아가는 인간들에게 자유는 무엇일 수 있을까? 물론 자연 안의 개체들인 우리는 훨씬 더 다채로운 '신들의 뜻'으로서의 사회적 규정성 및 자의식의 속박 속에 살아간다. 노동, 법, 제도 외에도 평판, 정념, 병 등이 우리를 옭아매고 있다. 자유는 마치 이 모든 구속들이 사라져야 찾아올 것만 같다. 하지만 루크레티우스가 말하는 자유는, 이런 불가피한 한계들 속에서 무궁한 자연의 흐름에 끊임없이 가닿으려는 노력 자체에 있다. 다시 말하면 자연의 이치에 대한 세심한 이해로부터 이 한계들을 전과는 다르게 보고 다르게 느끼게 되는 과정에 있다. 이전까지 매달려 온 규범들과 가치들이 그저 삶의 필요에 의해 만들어진 약속이자 관습일 뿐임을 볼 때, 우리는 그것들을 가벼운 마음으로 따를 수 있다. 뿌리 깊은 정신의 습관들과 고질적인 정념들이 어떻게 형성되는지 안다면, 거기서 다른 습관을 시작시킬 수 있다. 나아가 자신의 생명 자체가 어떤 자연적 원리들로 영위되고 또 다른 존재들로 이어지는지, 우리는 어떤 착각들로 인해 그 흐름을 보지 못하는지에 대한 공부는, 병과 죽음을 둘러싼 두려움의 결을 바꾼다. 그렇다면 자유는 인간의 실존적 마디마디에서마다 자연의 관점에 머물고자 하는 노력에 의해 측정되는 것이 아닐까. 인간적 문화들로 잘 닦여진 큰길로부터 빠져나와 우주의 샛길들로 들어서려는 시도들에 의해 구현되는 것이 아닐까.

그렇다면 내게 있어 자유를 실현시키는 것은 다른 무엇이 아니라 자연학 공부다. 가슴 벅차오르는 아름다운 말씀이나 마음을 녹이는 위로들, 기분전환을 가져오는 이런저런 이벤트들보다 이 딱딱한 텍스트들이 더 힘이 있는 이유는 무엇인가? 그것이 나 자신과 이 우주가 어떻게 이뤄졌는지, 나의 관념은 어떤 환상들에 기대어 있는지를 하나하나 해부해 내기 때문이다. 즉 한발짝 한발짝, 나의 발로 시야를 넓혀 가기 때문이다. 그렇게 손때 묻혀 얻은 앎들이 국면국면마다 나를 지치지 않게 한다.

3부 가을

다르게 겪기, 다르게 해석하기

8화 찬양합니다, 가장 행복한 존재이시여

어머니의 신앙과 나의 업

잠시 쓸쓸하다가도 금방 사라지는 걸 보니, 역시 슬픔이 아니라 도의적 의문이었던 것 같다. 몇 년 전, 결혼식을 앞둔 형과 통화하다가 어머니 얘기가 나왔다. 어머니의 자리를 어떻게 할지, 연락을 해야 할지, 어떻게 보일지, 어떻게 했으면 좋겠는지 등의 문제를 감정 없이 이야기했다. 결코 가벼운 기분은 아니었지만 딱히 심각해지지도 않았다. 드라이했다. 교회에 알리긴 하되 안 오셔도 문제없다. 오시는 상황도 이상할 테고. 13년을 왕래가 없었는데, 뭐. 이젠 내가 슬픔이라고 여겼던 감정이 다분히 관념적인 반응이었다는 걸 알겠다.

　어릴 적, 교회를 나온 지 얼마 안 되었을 땐 엄마를 생각하며 울기도 했다. 감정이 동한 것은 맞지만, 지금 돌아보면 주변 사람들의 말과 표정으로부터 내 상황이 결여이자 마땅히 불우한 경우라는 암시를 받았기 때문인 것 같다. 나는 모성애라고 할 만한 것을 알지 못했다. '엄마'라는 단어에 으레 따라붙는 애정이나 미움, 책임감 같은 잉여적 정서는 내게 없었다. 그런 게 생기지 않는 환경이었다. 내가 살던 교회 공동체는 가족 개념이 혈연 이상의 의미를 갖지 않는 곳이었다. 나는 또래들과 '어린이집'이라는 건물에서 자랐다. 어머니는 공동체 안의 여러 '집사님들' 중 한 분이셨고, 가끔씩 식당에서 마주칠 뿐이었다. 아버지는 주일날 예배에서 볼 수 있었다. 그러니까 사춘기 시절 내가 느낀 슬픔이나 원망은 어떻게 보면 학습된 것이었다. 가족이 어떤 관계여야 하는지 둘러보고 나서야 인위적으로 일으킨 감정 같은 것. 그래서 금방 식었다. 한때는 형과 의기투합하며 그 시골 교회의 부조리와 폭력을 〈그것이 알고 싶다〉 같은 데에 고발하자며 복수를 생각하기도 했지만 역시 잠깐이었다. 하지만 한 가지 순진한 꿈이 남았다.

불과 몇 년 전, 스무 살 무렵까지 내겐 큰 뜻 하나가 있었다. 저 사이비 교회 부락에서 어머니를 구출해 내야지! 저 어두침침한 우물에서 밝고 자유로운 사회로 나오시도록, 음울한 하느님의 종이 아니라 당당한 사회인으로 사시도록 해드리자! 어렵더라도 그게 옳은 일일 거다. 하지만 이런 포부도 여차저차 식었다. 어머니는 어머니의 길이 있는 거니까. 세상 누구도 쉽게 할 수 없는 전면적 헌신과 봉사의 삶을 살고 계시니까. 그리고 가족도, 청춘도, 자식도 내어놓은 그런 삶의 무게를 어떻게 내가 감히 평가하겠는가? 이렇게 원망이었던 것이 수긍으로, 다시 일종의 경외로 바뀌고 나자, 이제 어머니를 거의 생각하지 않게 되었다. 일 년에 서너 번 정도. 환갑 때도 잠깐 떠올려 본 게 전부였다. 그 굽은 허리가 얼마나 더 굽었을지 그려 본 것으로 지나갔다. 큰아들의 결혼 소식은 어떠셨을까. 내가 결혼할 때도 전해 들으시려나. 어쩌면, 우리도 언젠가 당신의 부고를 '전해' 들을지도 모르겠다. 그땐 어떨까. 이런 생각을 하면 가슴이 시리지만 길게 이어지진 않는다. 그러다가 최근 아주 우연한 계기로 한 장면을 떠올리게 되었다. 엄마한테 연락하고 싶은 마음은 들지 않느냐는 친구의 말 덕분이었다. 들지 않는다, 라고 대답하면서 마지막으로 어머니를 만났던 때가 생각났다. 그 장면을 짚어 보다가 갑자기 소름이 돋았다. 머리가 띵했다.

열아홉 살 겨울, 대학에 붙고 나서 어머니를 찾아갔었다. 5년 만이었다. 교회 건물들은 전보다 더 낡고 작아 보였고 유난히 을씨년스러웠던 기억이 난다. 같이 자란 또래 친구들이 벌써 아이를 업고 있던 모습, 빛바래고 어수선한 '어린이집', 쇠진해 보이는 어르신들. 어머니와 단둘이 짧은 대화를 나눴다. 바닥을 응시하시던 어머니의 얼굴에는 무어라 말할 수 없는 복잡한 감정들이 스치고 있었다. 뚝뚝 끊기던 대화의 내용은 거의 기억이 안 났지만, 단 한 마디는 선명했다. 내가 한 말이었다. 지금으로서는 도저히 이해할 수 없는 오만함으로 나는 말했다. "어머니가 믿는 신이 내가 아는 신보다 훨씬 작은 것 같아요." 그때 어머니 얼굴에 드리웠던 경직된 빛과 떨림이 기억난다. 한참 뒤에야 그런 말을 해선 안 된다, 교만해서는 안 된다는 내용의 말씀이 더듬더듬 덧붙여진 것 같은데⋯ 흐릿하다.

어쩌면 이것이 내 인생 최대의 구업口業일지도 모른다. 대체 어쩌자고 그따위 말을 내뱉었던 걸까? 무슨 정신으로 나는 그런 짓을 했으며, 그것이 끔찍한 일이었음을 이제서야 알아차렸단 말인가? 내가 당신에 대해 무엇을 안다고, 어떻게 그 말 못할 반세기의 신앙을, 그 포기와 순종의 세월을 그렇게 쉽게 폄하해 버렸단 말인가?

어머니는 러시아 소설에 나오는 '유로지비'(yurodivy, 바보 성자) 같다. 느낌이 그렇다. 고교 시절 식구들 전체의 반대를 뒤로하고 타향 교회로 나온 후 지금까지 묵묵히 종처럼 사셨다. 수줍고 자신 없는 표정과 늘 내리깐 시선, 굽은 허리, 둘러맨 앞치마, 털고무신. 그리고 웬만한 막일꾼의 손보다도 더 두껍고 투박한 손. 반 고흐의 그림 속에 나오는 사람들의 손과도 같다. 옷차림도 닮았다. 그런 몸과 그런 손으로 따르는 신을 대체 내가 뭐라고 함부로 말했던가. 내가 안다는 더 큰 신은 또 뭐였는가? 모르겠다. 자연법칙 같은 걸 떠올렸던 것 같다. 정말 경멸스러운 건 그 말을 할 때의 나의 태도였다. 그 몰염치함. 그 폭력성. 어쩌면 원망 때문이었는지도 모른다. 사후적으로 만들어졌던 원망 말이다. 혹은 어린애의 치기였을까. 아니면 어머니의 순진한 모습 앞에서 부풀어진 허영심 때문이었을지도 모른다. 차라리 어머니가 작다고 했으면 나았을걸. 나는 그렇게 돌아왔지만 어머니는 남아서 얼마나 많은 기도를 올려야 했을까.

나는 이 실수를 뉘우친다. 그런 말은 하지 말았어야 했다거나 다시는 그러지 않겠다고 후회하기엔 너무 늦었지만, 그건 분명한 잘못이었다. 그렇지만 당시 내가 오만하고 미련하게 행동했다고 해서, 그것이 내가 어머니의 신과 삶의 방식을 받아들이거나 그 길을 가야 한다는 것은 아니다. 그럴 수도 없다. 그렇다면 이 업을 감당한다는 것은 무엇일까? 감상에 빠져 반성하거나 자책하는 것은 결코 아닐 테다. 그보다는 오히려 제대로 책임을 지는 것일지도 모른다. 무심코 뱉었던 그 말을 옹졸한 반항적 비난으로 남겨 두지 않는 것. 그 말을 지우는 게 아니라 살려 내, 어머니의 신이 어떤 신인지, 왜 그 신을 결코 크다고 할 수 없는지, '더 큰 신'이라면 무엇이 되어야 하는지, 정신을 차리고 냉정하게 하나씩 대답해 보는 거다. 그래서 내가 당신과는 다른 길을 가고 있고 그것이 당당함을 나 자신에게 보이는 거다. 쉽지 않겠지만 이 일을 루크레티우스의 도움을 받아서 시도해 보려 한다.

인간적인 신과 무위한 신

우선 내가 보고 들었던 신, 나고 자란 곳에서 모셔진 하느님 여호와에 대해 생각해 본다. 내 안에는 어린 시절부터 풀리지 않는 의문이 있다. 어째서 우리는 우리를 가장 사랑하시는 존재를 두려워해야 하는가? 두려움 때문에 찾게 되는 신을 왜 계속 두려워해야 한다는 말인가? 대체 이 신은 어떤 신인가?

신은 인간을 너무나 사랑해서 우리를 자신과 같은 모습으로 만들었을 뿐만 아니라 다른 동물들을 지배할 권리도 주셨다. 그리고 어겨서는 안 되지만 얼마든지 어길 수도 있는 '계명'을 주셨다. 신은 좋은 시력으로 우리의 행위 하나하나를 지켜보신다. 기뻐하거나 실망하거나, 분노하거나 용서하거나, 상을 주거나 벌을 줄 기회를 기다리면서. 금지조항만 있는 건 아니다. 기계적으로 따르는 모습은 싫으셨는지 인센티브 제도도 도입해 주셨다. 얼마나 창의적으로 복종하는지, 어느 정도의 극단까지 포기할 수 있는지, 그 한계는 열려 있다. 100세에 얻은 아들까지 잡아 바친 아브라함은 4천 년 동안이나 강조되고 있는 모범사례다. 자, 어디 한번 해봐라! 무슨 경연프로그램 심사위원마냥 팔짱을 끼고 앉아, 참가자가 있는 것 없는 것 다 가져다 바칠 때까지 보고 계신다. 사랑의 눈빛으로. 얼마나 짓궂었으면 자신의 하나뿐인 아들마저도 '시험에 들게 하지 마옵시고' 하며 부르짖게 만들었을까. 천성적으로 심판하길 좋아하는 그 신은 인간이 어려운 재주를 부릴수록 기뻐하신다. 좀처럼 내어 주기 어려워하는 혈육과 재산, 내밀한 욕망, 임종(순교) 등을 바치면 가산점을 챙겨 준다. 가족 통합 포인트가 있다면 나도 꽤 높을 텐데.

아, 어쩌면 이리도 '인간적'이란 말인가? 아무리 신인동형이라지만, 어떻게 창조자가 되어서 피조물이 소중히 여기는 걸 내어 받으면 좋아라 하고, 거슬리는 일을 하면 이승에서건 저승에서건 얄짤없이 보복하고 있는가? 뭐가 부족하길래 모든 것을 바치게 하고 떨게 하며, 포기와 헌신과 침묵과 믿음을 요구하는가? 성내고 삐지고 질투하는 신이라니. 그것도 자기가 만든 피조물에게! 사람들을 이끌 방법이 징벌과 보상뿐인 신이라니. 그것도 사후 세계까지 들먹이면서!

물론 이 모든 것은 거꾸로다. 신이 있고 없고를 떠나서, 신의 속성은 전적으로 인간에 의해 부여되고 추정된 것이다.

그렇지 않다면 왜 민족과 문화마다 신의 성격과 수준이 다르겠는가? 어머니의 신은, 이스라엘 광야에서 시작해, 중세 수도원과 종교개혁을 거쳐서, 20세기 남한 농촌사회 특유의 정서에 맞게 변형된 신이다. K-신앙이랄까. 어쨌든 기도도 한국어로 들으시고 헌금도 원화로 받으시니까. 백번 생각해도, 신이 인간을 만든 것이 아니라 인간이 신을 만들었다는 건 분명하다. 인간을 사랑하고 인간에게 관심받길 바라고, 수틀리면 권능을 이용해 인간을 고난에 빠뜨리는 과격한 애정결핍자로서 말이다. 우리가 화가 나면 소리치고 물건을 부수듯 천둥이나 지진이나 전염병 같은 예기치 못한 불상사 또한 신의 분노일 거라는 상상, 그리고 우리가 서로에게 그렇게 하듯 토라진 신에게 우리의 소중한 것을 내어 줘서 알맞게 달래 줘야 한다는 추측. 신은 인간의 망상과 억측으로 빚어낸 기이한 자화상이다.

망상과 억측에 기반해서 이렇게 신을 다혈질의 절대군주로 표상하는 경향은 루크레티우스 당대에도 뿌리 깊었던가 보다. 그는 그 그릇된 상상이 불러온 참상에 탄식한다.

오, 불쌍한 인간의 종족이여, 신들에게 그러한 일을 / 배정하고, 또 가혹한 분노를 덧붙였을 때, / 그때 얼마나 큰 신음을 자기 자신에게, 얼마나 큰 상처를 / 우리에게, 어떤 눈물을

우리의 후손들에게 낳았던가!(5: 1194-1197)

『사물의 본성에 관하여』의 가장 시급한 문제의식은 종교와 사제들의 권위가 야기해 온 "죄악에 찬 불경스런 행위들"(1: 83)에서 시작된다. 역사상 얼마나 많은 살생과 전쟁, 약탈과 폭압이 '신의 이름'으로 감행되어 왔던가? 신을 만족시키고 달래기 위해서 얼마나 많은 피가 흘러야 했는가? 그리스 연합군 사령관 아가멤논은, 바람이 불지 않아 배를 띄울 수 없게 되자 딸을 제물로 바쳤다. 그러면 신이 노여움을 풀고 보상을 해주리라 믿었기 때문이다. 신이 겨우 상거래나 하는 자란 말인가? 제 앞에 바짝 엎드려야만 선심을 써 주고 아니면 토라져 버리는 신. "이게 신이냐!!" 루크레티우스는 묻는다. 붉으락푸르락하는 신이 여전히 신일 수 있느냐고. 그건 전적으로 인간의, 그것도 유약한 인간의 모습 아니냐고. 우리는 이런 옹졸한 신 앞에서 계속 피를 흘리고 떨어야 할 필요가 있을까? 어린애 같은 신은 꺼져 버려라! 신이 있다면 더 '신적'이어야 한다!

신적이라는 것, 진정으로 복되고 강하다는 것은 무엇인가? 스피노자가 정리하듯 "강한 사람은 아무도 미워하지 않고, 누구에게도 화내지 않고, 질투하지 않고, 성질내지 않고, 누구도 경멸하지 않고 결코 거만하지 않다."베네딕트 데 스피노자, 『에

『티카』 4부 정리 73 주석, 황태연 옮김, 도서출판 피앤비, 2011, 294쪽 우리가 종종 오해하는 것과 달리 강함은 완력이나 무력이 아니다. 무언가를 쥐락펴락하고 겁먹게 하는 것으로 확인되는 힘은 이미 상대의 굴종과 호의에 의존하고 있다. 그런 권력은 일이 뜻대로 되지 않을 때 진노하고 증오한다. 외부 요인들에 휘둘리고 정념에 휩싸이는 것, 자신의 평정을 잃고 마는 것이야말로 약한 본성의 상징이 아닌가? 강한 본성은 공사다망公私多忙과 일희일비一喜一悲에서 가장 멀리 떨어져 있어야 한다. 어떤 것에도 매이지 않아야 한다. 이것이 불멸함의 원인이자 결과다. 고로, 신은 무위無爲하고 무사無事하다.

> 왜냐하면 신들의 모든 본성은 자체로 / 최고의 평화 속에, 우리의 일들로부터 나뉘어 멀리 떠나 / 불멸의 세월을 즐기는 것이어야 하기 때문입니다. / 그 본성은 모든 슬픔을 벗어난, 위험들을 벗어난, / 스스로 자신의 풍요함으로써 권능을 지닌, 우리를 전혀 필요로 하지 않는 것이며, / 제물로써 환심을 살 수 있는 것도 아니고, 또 분노와 접촉하지도 않는 것이니까요.(1: 44-49)

루크레티우스의 신들(그리스·로마는 다신교 문화다)에게는 그 어떤 동요도 없다. 신들은 아무런 결핍도 없고 근심도 없으며, 동료들과 더불어 살면서 자신들 고유의 지극한 평온을 향유한다. 세상의 어떤 일도 그들의 지복을 흔들 수 없다. 인간들이 경배하고 제물을 올리건 신을 등지고 소돔과 고모라처럼 살건 아무 상관이 없다. 신들은 인간을 걱정하지도 사랑하지도 미워하지도 않으며, 반대로 그들의 사랑과 복종을 필요로 하지도 않는다. 인간을 창조해 놓고 항시 지켜보시는 우리 주 하나님 여호와와는 전혀 다르다.

　　루크레티우스에게 신적인 역능은 세계를 만들고 사건들을 좌우하는 데 있지도, 재해나 기적을 일으켜 피조물들을 놀라게 하고 벌주는 데 있지도 않다. 신들은 통치자나 군주가 아니며 창조자나 관리자도 아니다. 나아가 목자도 구원자도 아니다. 굳이 말하자면 거주자다. 완전한 평화를 지닌 거주자. 그들은 자연에 앞서거나 그 바깥에 존재하지 않는다. 세계 안에서, 스스로 가장 완벽한 풍요로움을 영위하는 것이 그들의 권능이요 강함이다. "복되고 불멸하는 존재는 자신이 문젯거리를 갖지도 않고 다른 것에 그것을 제공하지도 않는다. 그러므로 그는 분노에 사로잡히지도 않고 호의에 이끌리지도 않는다." 디오게네스 라에르티오스, 『유명한 철학자들의 생애와 사상 2』, 395쪽 그래서 신인 거다. 다른 이유에서가 아니라 더없이 완전한 행복을 변함없이 누리기에.

　　종교가 인간의 삶 전체에 스며 있던 시대에 이 가르침을 받아들이는 것은 단순한 일이 아니었다. 신들이 이렇게 지고한 안정에 머문다면, 즉 자연을 휘두르지도 않고 인간사에 개입하지도 않는다면, 이 모든 의례나 제의는 불필요한 것 아닌가? 기복도 속죄도 필요 없지 않은가? 그렇다면 지금까지 신들과 맺어 왔던 관계는 바뀌지 않을 수 없다. 우리는 더 이상 신들을 두려워할 필요가 없다! 햇빛과도 같은 이 명제는 에피쿠로스주의의 핵심 교설 중 첫번째 사안으로 새겨져 있다.

이 해방의 지점에서 근본적인 질문이 떠오른다. 세상사에 아무런 관여도 하지 않는 신들, 그저 거주하기만 하는 신들은 도대체 왜 존재해야 하는가? 사실상 하는 일이 없으니 그들이 정말 있는지 없는지 알기도 어렵다. 그렇다면 내친김에 신들은 없다고 말해도 사실 문제될 게 없지 않을까? 이 물음을 풀어 가기 위해서는 먼저 루크레티우스와 에피쿠로스가 말하는 이 신들이 어떤 문화적 맥락 속에 있는지, 그리고 당대 여러 학파들이 표상한 신의 개념들과는 어떻게 다른지 그 '신성'神性의 지도를 살펴볼 필요가 있다.

신성(神性)의 지리학과 간(間)세계

'신'이라는 단어를 남발하며 거칠게 비교하긴 했지만, 사실 기독교의 신과 루크레티우스의 신들은 호칭만 같을 뿐 그 출신부터 하는 일, 존재방식, 요청되는 맥락까지 모든 점에서 너무나 다른 존재다. 우선 셈족(Semites)의 일신교 전통과 그리스의 다신교 문화가 다르며, 신이 다뤄지는 방식 자체가 종교와 철학에서 같을 수 없다. 또한 여기에 민족적이고 정치적인 세계-해석이 복잡하게 얽혀 있으며, 그 해석 역시 시대를 거치며 달라져 왔다. 이런 배경에 대한 디테일한 고려 없이 신을 단순 비교하는 것은 사실 무리가 있다. 그럼에도 불구하고 내 수준에서라도 신 개념의 큰 맥락을 짚어 보면서, 루크레티우스가 전하는 이 에피쿠로스학파의 신관神觀의 남다름을 한 번 이해해 보고 싶다. 이 시도의 도구로 채택한 것은 지리학이다. 왜냐하면 어떤 신이 거주하는 자리가 어디인지 혹은 그 신을 믿는 자들이 사는 환경이 어떠한지가 그 신의 본성을 보여 주는 것 같기 때문이다.

셈족의 유일신은 하늘나라에 거한다. 그냥 하늘이 아니다. 끝도 없이 펼쳐진 사막 위에 덮인 하늘이다. 칼날 하나 들어갈 틈 없이 사방의 지평선을 내리누르고 있는 하늘. 광야를 떠도는 유목민들에게 예측불허의 폭풍과 벼락을 선사하는 하늘의 포효는 즉각적 생사를 결정하는 힘이었을 것이다. 단비도 봄바람도 가져다주지 않는 드높고 뜨거운 사막의 하늘 아래서 인간은 속수무책이다. 그런 하늘에 거주하는 신은 절대적 권능과 뗄 수 없었을 것이다. 신은 전지전능의 조물주요, 인간과 세계의 운명을 주무르는 유일한 절대자다. 야훼로 불리든 알라로 불리든, 그 앞에서 인간은 커다란 경외감으로 몸을 숙이고 모든 것을 내맡기지 않을 수 없다. 파멸도 구원도 그의 손에 달렸다. 사막 위의 인간은 위태롭게 서 있는 연약한 존재이고, 신은 우리의 숨소리까지도 듣고 있다. 이 신이 바로 교회의 신이자 어머니의 신이다.

사막보다 기후적·지형적으로 풍요로운 지역에서는 다신교가 발달했다. 절대적 유일신이 아니라 복수複數의 신들이 존재한다. 바다, 대지, 태양 같은 자연물을 주관하는 신들이 있는가 하면, 전쟁, 농사, 번식 등 인간사의 사건을 담당하는 신들도 있었다. 동양의 신은 도처에 거한다. 사계절이 분명하고 풍수가 다 갖춰진 중국에서 보통명사 신神은 특별한 인격이나 행위주체라기보다는 음양의 오묘한 작용을 가리키는 말로 사용되었다. 조물주에 해당하는 신들도 있긴 하지만 그들은 단지 창조만 했을 뿐 자연은 각 기운의 조화로 알아서 운행한다. 인간은 복을 빌고 공덕을 쌓기 위해 기도하고 제를 올린다. 신들이 좀 더 적극적이고 야단스럽게 되는 것은 인도와 그리스쪽으로 넘어오면서이다. 후끈하고 숲이 우거진 인도에는 신들이 셀 수 없이 많다. 주요한 신들은 천상에 거하지만 하늘이 무려 33개나 된다! 그들은 서로 싸우다가 죽기도 하고, 여기저기 화신으로 나타나 지상의 일들에 시시콜콜 간섭하고, 인간 성자들에게 제압당해 쩔쩔매기도 한다. 제각각의 인간들이 제각각의 신들을 모시며 구원과 도야에 힘쓰고 제단의 연기는 그칠 날이 없다.

그리스·로마의 신들은 어떨까? 그들은 올림포스산 정상에 거주한다. 산꼭대기는 하늘에 가장 가까운 땅으로, 인간이 개간할 수도 없고 눈과 비가 파괴할 수도 없는 영역이다. 이런 영역에 거주하는 신들은 불멸하며 지복을 누린다. 인간은 그곳을 올려다보며 산비탈을 오갈 뿐이다. 하지만 산이 계절을 겪고 겉모습이 바뀌는 것처럼 신들도 여전히 운명(moira)에 종속되고 감정도 변덕스럽다. 또한 지상의 일에 개입하며 다투기도 한다. 주권자라기보다는 지복의 향유자인 신들은 세상을 내려다보며 인간을 가지고 내기하고 장난치는 존재다. 필멸의 인간은 불멸의 신들의 유희에 휘둘리면서, 마치 산등성이를 오르내리는 것처럼 주어진 문제를 풀고 요구를 들어주는 게임 혹은 거래를 계속해야 한다. 이 삶은 지속적인 두려움과 비애를 선사한다. 이것이 루크레티우스가 종교적 신들에게서 참을 수 없었던 부분이었다. 신들의 본성은 이와는 다르게 사유되어야 하며, 그런 점에서는 거주의 방식도 달라야 한다.

여기까지는 모두 종교와 신화에서 다뤄지는 신들의 이미

지였다. 즉 보통의 사람들에게 '믿음의 대상'으로 받아들여진 신성이었다. 고대인들은 신에게 세계의 창조와 운행, 인간의 길흉과 운명, 내세의 상벌과 구원, 선악 및 윤리 등 세상만사 전부를 일임했다. 잘 모르는 현상이나 놀랍고 무서운 일들은 전부 신들의 뜻으로 처리했고(무지의 도피처!), 그 이면의 의지나 의도를 나름대로 상상으로 채웠다. 물론 그 상상은 '인간적인 너무나 인간적인' 것이었다. 신들이 군주, 성자, 어린아이처럼 묘사되는 것은 그 때문이다. 하지만 자연과학 데이터가 쌓이고 역사·정치·기술 등이 세련되어지면서, '인간적인' 신은 차츰 논의의 바깥으로 밀려났다. 특히 철학의 영역에서는 시인들이 묘사하는 서사시 속 신들, 정념에 휘둘리고 분쟁, 납치, 간통을 일삼는 신들은 어리석은 자들의 망상으로 치부되었다. 신들의 본성은 보다 '신적'이어야 했다. 하지만 무엇이 신적인 것인가? 대중들에게는 여전히 구원신앙과 미신이 난무했던 헬레니즘 시기, 신들의 본성에 대한 문제가 본격적으로 사유되었고, 이는 삶의 양식을 실험하는 각 철학학파들의 윤리적 비전과 직결되는 중요한 주제였다.

키케로의 『신들의 본성에 대하여』에는 기원전 1세기 당시 병립했던 여러 학파들의 신 이론에 대한 논쟁이 흥미진진하게 소개된다. 신들은 존재하는가, 어떻게 존재하는가, 그것을 어떻게 아는가, 그들은 무엇을 하는가 등의 논제를 두고 다양한 견해들이 이어지지만, 그중에서도 가장 논란이 된 이슈는 에피쿠로스가 주장한 신들의 '무위성' 문제였다.

> 가장 크게 상황을 장악하고 쟁점이 되는 것으로, 신들이 아무 일도 하지 않고, 아무것에도 애쓰지 않으며, 일들에 대한 걱정과 관리에서 완전히 벗어나 있는지, 아니면 모든 일이 시초부터 그들에 의해 행해지고 확정되었으며, 무한한 시간에 이르기까지 지배되고 작동되는 것인지 하는 문제가 무엇보다도 큰 불일치의 대상입니다.마르쿠스 톨리우스 키케로, 『신들의 본성에 관하여』, 강대진 옮김, 그린비, 2019, 10쪽

신들은 세상사와 어떻게 관련되는가, 이것이 신학 논쟁의 핵심이다. 이미 당대의 철학은 신들을 인격적 존재로 묘사하는 서사시적 전통과는 결별해 있었다. 천재지변이나 기적, 전쟁이나 전염병을 신들의 행동으로 여기는 종교적 관점도 넘어서 있었다. 하지만 여전히 세계의 창조와 운행이라는 문제가 남아 있었다. 우주의 심원한 기원이나 만물의 조화로운 흐름을 무슨 수로 설명할 것인가? 우리의 경험과 지성으로 알 길이 없는 영역들에 대해 '신'을 말하지 않기란 여전히 쉽지 않았다. 플라톤은 "세계의 제작자, 건축자인 신"마르쿠스 톨리우스 키케로, 『신들의 본성에 관하여』, 22쪽을 말했다. 즉 아카데미아학파에게 신

은 부단한 노동으로 이 정교한 우주를 창조해 낸 장인匠人이었다. 스토아학파에게 신은 자연의 섭리 혹은 운명과 동일시되었다. 즉 이 세계의 모든 질료들에 스며들어 작용을 가하고 있는 우주적 지성(로고스)이 바로 신이었다. 에피쿠로스학파의 신학은 이 두 관점을 모두 넘어선다. 신들은 세상을 만들지도 않았고 원리 자체도 아니다. 인간사와도 세상사와도 무관한 신들은 완벽하게 아무 일도 하지 않는다. 그저 존재할 뿐! 뭐 이런 신들이 다 있나?

에피쿠로스적 신들의 이상하리만치 완전한 자족적 본성은 그들의 존재방식 및 거주방식과 관련된다. 자연의 모든 존재와 마찬가지로 신들 역시 원자로 구성되어 있다. 하지만 신들은 불멸이다. 즉 부패하지도 않고 소멸하지도 않는다. 어떻게 그럴 수 있을까? 원자로 이루어진 이상 신들의 몸 역시 불가피하게 마모되고 조성이 바뀐다. 하지만 항상적으로 재공급되는 원자들에 의해 "그들의 용모가 항상 보수되고 아름다운 형태가 유지되므로"(5: 1175-1176) 그들은 불사의 존재다. 그런데 왜 다른 사물들과 달리 신들의 몸만이 계속해서 형태가 회복되는 것일까? 원자들이 흩어져 버리지 않는 이러한 재공급-불멸은 무엇보다도 그들이 거주하는 영역의 특이성과 관련된다.

신들의 권능과 그들의 평화로운 거처가 드러납니다. / 그것
들을 바람도 뒤흔들지 않으며, 구름도 빗줄기로 / 흩뿌리지
않고, 날카로운 서리로 얼어붙은 회색 눈도 / 떨어져 침범치
않고, 언제나 구름 없는 대기가 / 덮고 있지요, 그리고 그것
은 널리 빛을 흩뿌리며 웃지요.(3: 18-22)

루크레티우스의 신들은 '간세계'(metakosmia/intermúndĭa)
에 거한다. 간間세계란 말 그대로 '세계 사이' 혹은 '우주 사이'
의 공간이다. 바람에도, 빗줄기에도, 서리나 눈에도 흔들리지
않는 평화로운 거처. 이 영역은 우리가 경험하는 일상의 단단
한 물체들에 영향받지 않고 영향을 주지도 않는다. 누구도 간
세계에 접근해 신들과 접촉할 수 없다. 이곳은 대체 어떤 곳일
까? 루크레티우스는 세계가 허공과 원자로 이루어져 있다고
했는데, 이와 다른 또 다른 차원이 있다는 걸까? 참고할 자료
가 거의 없는 '간세계'라는 개념을 놓고 연구자들 사이에서 지
난한 토론이 있었다고 한다. 단순하게 별이 존재하지 않는 은
하와 은하 사이의 우주공간으로 볼 수도 있다. 어떤 이들은 간
세계를 3차원 공간에 무수히 접혀 있는 일종의 2차원의 영역
으로 묘사하기도 한다. 또 어떤 이는 원자들의 끝없는 결합·
해체 운동 속에서 계속 생겨날 수밖에 없는 상대적 빈 공간으
로 이해한다. 어떤 것도 확 와닿지는 않는다. 데이비드 봄이

양자역학을 설명하기 위해 제시한 '접힌 질서'의 영역이나, 모든 미립자를 장場의 들뜸으로 포함하고 있는 '양자장' 같은 개념을 떠올려 보지만, 어느 것도 잘 모를뿐더러 간세계와 상충되는 지점이 많다.

그럼에도 불구하고 나는 신들의 거주지가 '사이'로 설정된 사실에 주목해 보고 싶다. 루크레티우스의 신들은 하늘에서 우리를 위압하지도 않고, 산꼭대기에서 우리를 희롱하지도 않는다. 또한 세계의 바깥에서 세계를 제작하지도 않았으며, 우주의 운행을 이어 가는 추상적 섭리도 아니다. 신들은 어떤 권위나 위계를 상징하는 장소에 거하지 않는다. 그들의 자리는 천국이나 지옥도 아니지만 그렇다고 세속도 아니다. 신들의 자리는 지정되어 있지 않고 이 세계 사이사이에 스며 있지만, 그 안에서 그들은 그 무엇에도 해를 입지 않는 지극한 평정을 영위한다. 코스모스 안에서 코스모스를 넘어가고 있는 존재, 세계를 떠나지 않으면서 세계를 극복하고 있는 지복의 구현자들. 신을 이렇게 사유하는 일은 우리의 신화적 두려움을 걷어 내는 데에서 그치지 않는다. 신들의 행복과 무위함으로부터 우리는 지금까지와는 전혀 다른 방식으로 신들과 관계 맺을 여지가 생긴다. 즉 우리는 전혀 다른 윤리를 떠올릴 수 있는데, 그것을 구체화하기 위해서는 앞서 던졌던 질문들을 불러와야 한다. 이토록 무심한 신들은 왜 존재해야만 하는가?

윤리의 모델로서의 신

먼저 해결해야 할 의문 하나. 일상의 원자들과의 상호작용이 없다면, 신들이 존재한다는 것을 어떻게 알 수 있을까? 신은 없는 것 아닐까? 잠깐 옆으로 새 보자. 루크레티우스가 묘사하는 신들을 이루는 원자는 현대물리학의 기본 입자 중 하나인 '중성미자'(neutrino)를 떠올리게 한다. 중성미자란 질량이 측정 불가능할 정도로 작고(0이 아니라는 것만 밝혀졌다) 전하도 없어서, 다른 어떤 물질과도 상호작용하지 않는 아주아주 작은 입자다. 너무나 작아서 마치 파리가 남대문을 통과하듯 원자 내부를 그냥 '스윽' 지나가 버리며, 납덩어리 속을 무려 3,500광년이나 나아갈 수 있다! 그것들이 지금 이 순간에도 우리 몸을 슝슝 지나가고 있지만, 그렇게 지나가 버리기에 볼 방법이 없다. 그럼 어떻게 그것이 존재함을 알 수 있을까? 처음에는 계산상으로만 존재가 예상되었을 뿐이었다. 하지만 다행히 백만분의 1 정도 확률로 다른 입자에 충돌해 흡수되기 때문에 복잡하게 고안된 장치를 동원해 수년간 실험한 끝에 흔적으로만 관측될 수 있었다.

간세계에 거주하는 신에 대해서도 이와 비슷하게 생각해 볼 수 있지 않을까? 에피쿠로스 유물론의 원리에 따르면 우리는 이미 존재하는 것에 대해서만 개념(선先-개념)을 가질 수 있다. 무에서는 아무것도 나오지 않기 때문이다. 루크레티우스에 따르면 존재하는 모든 것은 원자들로 이뤄진 미세한 막을 허공으로 방사한다. 이 막이 바로 시뮬라크라인데, 그것에 의해 우리는 어떤 대상을 감각할 수 있다. 신들도 마찬가지다. 그들의 원자는 다른 원자들과 쉽사리 접촉하지 않지만, 아주 드물게 우리 신체의 미세구멍을 통과해서 영혼을 이루는 민활한 원자들에 희미한 인상을 남기게 된다. 그렇기에 우리가 그들에 대한 앎을 가질 수 있는 것이다. 다만 인식의 과정에서 우리의 경험과 믿음이 개입해 신에게 엉뚱한 속성을 덧붙일 뿐이다. 에피쿠로스는 말한다. 신들은 존재한다. "그들에 관한 인식은 명증한 것이기 때문"디오게네스 라에르티오스, 『유명한 철학자들의 생애와 사상 2』, 387쪽에.

　솔직히 신들에 대한 인식이 분명하기에 신들이 있다는 식의 증명이 썩 와닿지는 않는다. 하지만 바로 여기가 질문의 포인트다. 왜 굳이 신의 존재를 남겨 둬야 했을까? 에피쿠로스주의는 인간이 두려워한 기이한 자연 현상들의 원인을 이치에 맞게 밝히고, 영혼과 정신의 메커니즘까지 원자들의 결합과 해체 운동으로 설명했다. 그런데 왜 이런 물질적 우주 사이에 관찰되지도 섞이지도 않는 영역을 따로 마련하면서까지 신들을 남겨 둬야 했을까? 원자론에 어울리지 않는 불멸이라는 용어까지 쓰면서 말이다. 유물론자답게 그냥 신 같은 건 없다고 해버리면 속 편하지 않았을까? 실제로 자연철학자들 중에는 일찍이 신을 자연법칙과 동일시한 자도 있었고(크세노파네스, BC 570~BC 480), 심지어 신들이 아예 존재하지 않는다고 말한 자들이 있지 않았던가? "프로타고라스는 자기는 이걸 [신의 존재] 의심한다 했고, 멜로스의 디아고라스와 퀴레네의 테오도로스는 신들은 전혀 존재하지 않는다고 생각했었습니다."마르쿠스 톨리우스 키케로, 『신들의 본성에 관하여』 10쪽

　　어떤 이들은 에피쿠로스가 신을 부정했을 때 받게 될 군중의 비난을 우려해 신들의 존재를 남겨 두었다고 말한다. 하지만 인간의 모든 두려움과 싸우는 자들이 사람들의 손가락질 따위가 무서워 신들을 남겨 뒀을 리가 없다. 세간의 상식이 두려웠다면 애초에 신들에게서 전지전능함이란 딱지를 떼어 버릴 수도 없었을 것이다. 에피쿠로스는 "대다수 사람들이 믿는 신들을 부정하는 자가 불경한 것이 아니고 대다수 사람들의 의견들을 신들에게 가져다 붙이는 자가 불경한 것"디오게네스 라에르티오스, 『유명한 철학자들의 생애와 사상 2』 387쪽이라고 말했으니까. 그럼에도 불구하고 이런 '무능한 신들'에게 에피쿠로스학파가 보이는 태도는 상당히 정중하다. 현존하는 기록이 없는 루크레티우스는 어땠는지 모르겠지만, 에피쿠로스와 그의 제자들은 신들을 기리는 행사에 가끔 참여했으며 기도를 올리기도 했다. 게다가 『사물의 본성에 관하여』는 첫머리부터 대뜸 베

누스에 대한 찬미로 시작하고, 무사 여신들과 지모신地母神 퀴벨레(Cybele)가 찬미된다. 그러니까 이들은 아무것도 하지 않는 게으른 신들, 두려워할 필요도 잘 보일 필요도 없는 신들의 존재를 긍정했을 뿐만 아니라 어느 정도는 경배하기까지 했던 것이다. 왜?

스피노자는 선이나 악, 좋음이나 나쁨은 모두 실정적인 것이 아니라 통념에 불과하지만 자신은 그것들을 남겨 두겠다고 말한다. "왜냐하면 우리는 인간 본성의 전형으로 볼 수 있는 인간의 관념을 형성하고자 하기 때문에, 이러한 말들을 앞에서 언급한 의미 속에서 보존하는 것이 우리에게 유익할 것이기 때문이다."베네딕트 데 스피노자, 『에티카』 4부 서문, 235쪽 우리의 상상과 욕망과 실천은 백지에서 시작되지 않는다. 인간은 염두에 두고 바라볼 수 있는 모형을 경유해서 관념을 형성하는 존재다. 만약 우리가 어떤 본성을 닮고자 하고 거기에 이르고자 한다면 우리는 그것의 실재함을 먼저 긍정해야 한다. 비록 드물고 귀하다고 할지라도 말이다. 이러한 윤리적 이유에서 스피노자는 '좋음'[선善]을 "우리가 설정하는 인간 본성의 모형에 우리를 좀더 가깝게 해주는 수단"이라고 정의했다.

신들은 왜 존재해야 하는가? 그 대답은 바로 신들이 우리에게 필수불가결한 '행복의 모델'을 제공한다는 데 있다. 우리에게 행복의 이미지를 제공할 수 있는 '현재의 행복한 존재'가 없다면, 어떻게 우리가 행복을 이해하고 거기에 가닿고자 할 수 있겠는가? 마치 별이나 등불처럼 그저 밝은 모습으로, 신들은 그저 존재한다. 지극한 행복함으로. 어떤 것에도 동요되거나 망가지지 않고 세계를 거니는 평온함으로. 이런 신들이 존재함을 받아들이고 그들에게 경의를 표할 때, 우리가 마음으로 바라는 것은 다른 무엇이 아니다. 그들과 유사하게 되고 싶다는 것, 우리에게 반복되는 이 슬픔과 두려움과 탐욕의 굴레를 벗어나 이 세계 안에서 여일하게 살아가는 법을 배우고 싶다는 것. 진흙 속에 뿌리내리고 있지만 결코 얼룩과 섞이지 않는 연꽃처럼, 세상을 떠나지 않으면서 세상 사이에서 살아가는 법을 배우고 싶다는 것. 참된 행복은 이미 존재하며 그것은 신이 누리는 것과도 같은 행복이다.

신앙의 새로운 이미지

이제 나는 어머니의 신앙이 내가 함부로 말할 수 없는 체험적 차원임을 알 것 같다. 가끔은, 그 부르튼 손으로 올려 오신 기도가 아니었으면 무슨 수로 이렇게 무탈하게 커 왔겠는가 하는 생각도 든다. 그럼에도 여전한 의문은, 그 길고 고된 신앙 생활이 왜 계속 두려운 것처럼 보이는 걸까 하는 점이다. 어쩌면 내 착각일지도 모른다. 하지만 내가 기억하는 교회의 풍경은 끊임없이 눈물을 흘리고 손뼉을 치는, 죄를 곱씹고 구원을 구걸하는 모습이었다. '부흥'으로 점철되고 '약속'으로 견인되는 신앙. 공포나 체념, 가책이나 보상심리 없이 신을 섬길 수는 정말 없는 걸까.

루크레티우스가 소개하는 독특한 신들로부터 나는 신앙의 새로운 이미지를 생각해 보고 싶다. 이 신들과 우리 사이에는 어떤 강제성이나 호혜 관계도 없다. 즉 게으르고도 평온한 신들은 복종을 요구하지 않고 우리를 사랑하지도 않는다. 따라서 그들을 두려워할 필요도 감사할 필요도 없다. 우린 죄지은 것도 빚진 것도 없다. 그럼에도 우리는 자발적으로 그들에게 기도하고 그들을 찬양할 수 있는데, 그것은 전적으로 우리 자신을 변화시키기 위해서다. 탁월한 지복에 이른 존재들을 마주하고 설 때 우리가 우리 자신을 어떻게 가꾸고 닦아야 하는지 배우겠다는 마음이 일어나기 때문이다. 에피쿠로스는 이렇게 말한다. "기도는 지혜에 알맞다. 우리가 그것을 안 하면 신들이 화를 내서가 아니라, 능력과 탁월함에 있어서 뛰어난 본성들에 대해 우리가 숙고를 하기 때문이다."_{장 살렘, 『고대 원자론』, 276쪽에서 재인용} 기도의 이유는 속죄도 아니고 애원도 아니고 타이르거나 진정시키기 위함도 아니다. 기도는 신을 위한 것이 아니다. 기도는 우리 자신을 위한 것이며, 정확히는 우리가 그 탁월한 존재들에게서 닮고자 하는 지혜와 기쁨에 도달하기 위한 '발심'發心의 훈련이다. 불교의 수행자들은 자신의 스승에게 최고의 경의를 담아서 공양을 바치고 삼배를 올린 후 이렇게 발원한다. "당신이 성취한 깨달음을 저도 얻기를 서원합니다."

교회를 나온 이후로 나는 신에 대해 거의 생각하지 않았다. 무신론을 옹호한 것까지는 아니었으나 유일신이나 인격신을 믿는 것은 유치하다고 생각했다. 이건 지금도 마찬가지다. 하지만 최근 들어서는 이런 냉소가 왠지 빈약하게 보이기 시작했다. 신을 버린 것까지는 좋다. 그런데 나는 그와 더불어 내가 어디서 왔는지, 무엇에 감사해야 하고 무엇을 존경해야 하는지 생각하는 일까지 포기해 버린 것은 아닐까? '신'이 사라진 자리를 배회하고 있는 실존적 질문들을 외면해 온 것은 아닐까? 종교에서 벗어난 자들이 결국 다시 모시는 것은 아주 표준적이고 보편적인 가치들이다. 과학 상식이나 도덕, 경제적 합리성, 정치적 올바름, 자기계발, 소소하지만 확실한 행복 등. 이것들에 매달린다 해도, 마음을 두드리는 의문들을 남들이 그렇다고 하는 정답들이나 순간의 왜소한 만족감으로 대충 막아 둔 채 더 이상 자신의 실존이나 세계에 대해 생각하지 않는 것은 마찬가지다. '어떻게 살아야 할까'라는 질문은 왠지 낡고 유치해져 버렸다. 속이 텅 비어 있는데도 말이다. 그런 오만함으로 나는 어머니께 망언을 했던 것이다. 살면서 어떤 것도 과감히 내어 주거나 감당해 본 적도 없으면서.

루크레티우스를 공부한 지금, 다른 신앙을 생각해 볼 수는 없을까? 어떤 두려움도 채무감도 섞여 있지 않고 오직 그 탁월함을 배우고 싶다는 마음으로 행하는 그런 신앙 말이다. 조금 늦긴 했지만, 신적인 것, 고귀한 것, 존경하고 따를 만한 것들을 다시 정의해 보고, 나 자신이 거기에 가까워지는 수련을 시작해 보면 어떨까?

9화 연애를 하게 되었습니다만

좋지 아니한가!

원래 이 글은 전혀 다른 내용일 뻔했다. 이 책의 주제들을 짜던 때까지만 해도, '사랑'과 관련해서는 진한 한숨이 묻어 있는 전개가 예정되어 있었다. 공부와 연애의 병행 불가능성에 대한 한탄, 그럴수록 커지는 환상, 깊어지는 슬픔, 그리고 거기에 초연해지는 기술 따위를 끄적이려 했다. 맨날 늘어놓던 지겨운 투정과 성과 없는 자기 최면 말이다. 그땐 거의 포기 상태였고, 실낱같은 희망이 있을 거라는 별자리 해석도 그냥 웃어넘겼었다. 나를 방해하지 마라. 열심히 공부해서 티 없이 청정한 수행자의 길을 가련다! 체념을 밀어내고 마음을 추슬렀을 즈음, 불현듯 핑크빛 봄이 찾아왔다. 이 글은 그 예상치 못했던 봄날의 한복판에서 쓰였다.

'꿈★은 이뤄진다'는 말이 진실이었나? 꿈만 꾸던 일이 일어났다. 친구 놈들은 쉽사리 믿어 주질 않았지만 가장 당황스러운 건 나였다. 연애를 시작했고, 공부를 포기하거나 줄이지도 않았다. 같은 책을 읽고, 머리 맞대고 글을 쓸 수 있는 연애가 가능할 줄은 정말 몰랐다. 뜻이 하늘에서 이루어진 것같이 땅에서도 이루어지이다! 혹시 방해되지 않느냐고? 우려했던 부분이지만, 솔직한 대답은 오히려 도움이 된다는 거다. 성욕의 문제만은 아니었다. 마음 밑바닥에 깔려 있던 세상에 대한 불만이나 존재론적 회의가 사라졌으니까. 하는 일에 응원을 받고 배운 것들을 도란도란 나눌 수 있다니! 지난날의 모든 것에 감사함이 들었다. 이제 더 바랄 게 없다. 다 이루었다!

물론 걱정은 있었다. 어디선가 주워들은 말들이 떠올랐다. 즐거움을 경계하라, 만나면 반드시 헤어진다, 사랑은 집착이고 폐쇄적이다, 모든 것은 무상하다…. 그래서 수시로 '변할 거다, 민호야'라고 되뇌어 보긴 했지만, 대단한 효과는 없었다. 더 강력한 마음의 소리가 울렸다. 시방 뭐시 중헌디? 아무리 겁쟁이여도 그렇지 나중에 힘들까 봐 지금의 애정을 자제하겠다는 게 말이 되나? 그럴 수도 없었다. '애별리고'愛別離苦로 결론 나더라도 좋을 때 맘껏 좋아해 보는 게 인지상정 아닌가. 이렇게 '현재'를 열심히 변호했다. 한껏 들떠 있었고, 그걸 알고도 있었지만, 별수 없잖은가!

더할 나위 없는 이 행복의 저편에서, 내 거친 생각과 불안한 눈빛과 그걸 지켜보는 누군가가 있었으니, 나의 사부님 루크레티우스였다. 그는 다른 어떤 정념보다도 사랑이라는 정념을 경계했다. 심지어 사랑이 질병이요, 죄악이라고까지 말했다. 전에는 별생각 없이 '암 그렇지' 하고 끄덕였던 경고들이었지만 왠지 듣기 싫어지고 반감까지 느껴졌다. 왜 이렇게까지? 혹시 사랑의 미약 때문에 미쳤다는 소문이 진짜인가? 사랑이 뭐가 문제란 말인가! 두려움, 분노, 탐욕, 슬픔과 같이 우릴 괴롭게 하는 부정적 정서들에 비하면 훨씬 더 아름답고 행복하고 유익한 감정 아닌가? 예수도 믿음 소망 사랑, 그중의 제일은 사랑이라 했거늘. 그런데 왜 저렇게 엄하게 사랑을 규탄하는가?

우선 루크레티우스의 철학이 시종일관 인간의 지복을 향한다는 점을 기억해 보자. 누군가에게 푹 빠지는 데서 오는 사랑의 달콤함은 쾌락이긴 하지만 영혼의 평정과는 거리가 멀다. 루크레티우스는 다른 정념과 표상들을 다룰 때 원자론의 원리로부터 연역해 낸 자연학적 논증들을 활용한다. 차근차근 논박하며 우리의 미신들을 무화시켜 간다. 그러나 사랑에 있어서는 그런 논증적 방법을 사용하지 않는다. 왜? 효과가 없어서 아닐까. 논리와 추론을 내세워 반박하고 설득한다하더라도 그게 들릴까? 사랑과 사랑의 표상은 인간을 귀먹고 눈멀게 한다. 사랑만큼 마음을 들썩이고 시야를 좁히는 감정은 없다. 가장 진하고 선명한 이미지, 가장 질기고 끈적한 동일시, 가장 뻔뻔하고 자의적인 정당화를 동반하는 감정. "사랑 속에는, / 그대가 눈의 빛을 가리고서도 파악할 수 있을 / 헤아릴 수 없는 질병들이 있다. 그러니 미리 깨어 있어 주의하고, / 내가 가르친 방법에 따라, 걸려들지 않게 조심하는 편이 더 나으리라."(4: 1142-1145)

하지만 어쩜담? 그저 좋아라 하며 뭐가 문제인지도 못(안) 보고 있던 나는 이미 질병의 한가운데에 영락없이 얽혀든 처지였다. 이제 남은 건 괴로워질 일뿐인가? 평정과 지복은 틀려먹은 건가? "하지만 그대가 얽히고 발이 묶였다 해도 그 적을 / 피할 수는 있다, 그대 스스로 자신을 막아서지 않는다면."(4: 1149-1150) 다행히 아직 희망은 있었다. 루크레티우스는, 내가 나 자신을 합리화하고 귀를 닫지 않는다면, 다시 말해 정신만 차린다면 완전히 휩쓸리지 않을 수는 있다고 말한다. 좋다고 마냥 좋아하기만 하는 것은 불길 속으로 뛰어들겠다는 말이다. 뭐라도 해보자. 어떻게 화상을 입지도 입히지도 않고 이 놀랍고도 소중하고도 또 위험한 국면을 건너갈 수 있을까? 데일 때 데이더라도, 어떻게 나 자신을, 혹은 상대를, 나아가 세상을 부정하지 않으면서 그 과정을 겪어 갈 수 있을까?

인정한다. 그 봄은 정말로 내 인생 그 어느 시기보다 달콤했다. 하지만 세상 어디에 이렇지 않은 연애가 있던가? 시작은다 달고, 다 뜨겁고, 다 아름답다. 그런데 그 다음은 어떤가? 눈물 섞인 파국이거나 지난한 인고의 세월이다. 그 정도면 다행이다. 서로를 증오하거나 해치는 지경까지 가는 경우도 적지 않다. 이 세상 노래와 이야기의 팔 할은 사랑이지만, 그중과반은 이별과 괴로움의 호소임을 기억하자. 왜 거의 모든 사랑이 권태 아니면 상처로 귀결되는 걸까?

　"어떻게 사랑이 변하니?" 영화 〈봄날은 간다〉의 이 유명한 대사는 쓰라리고 아린 마음을 잘 담아내고 있지만, 잘 생각해 보면 우문이다. 사랑은 원래 변한다. 변하니까 시작될 수도있었던 것 아닌가. 우리는 유독 사랑이라는 정서에 엄격한 것같다. 분노가 식거나 슬픔이 줄어들었다고 비난하는 사람은없다. 우리는 사랑 앞에서만 인간의 비일관성을 원망하고 손가락질한다. 하지만 신체 조직의 단단한 구성조차 매일 매 순간 다를진대, 미세하고 민활한 원자들로 이루어진 마음은 오죽할까? 만난 것은 헤어지고 모인 것은 흩어진다. 이것은 자연의 대진리다. 따라서 사랑이 어떻게 변하냐고 따질 때, 우리는 생겨나고 있고 생겨났기에 사라지는 것들에 그 흐름을 중단하라고 강요하고 있는 것이다. 이는 봄이 영원해야 한다고 떼쓰는 것만큼이나 무리한 요구다. 봄날은 간다.

그렇다면 왜 우리는 이런 반反자연적인 요구를 하게 되는 걸까? 왜 사랑이라는 정념은 영원히 멈춰 있길 바라게 될 정도로 강렬하게 일어나는 걸까? 우선 다른 정념들과 달리 사랑은 강력한 '물리적 근원'을 갖는다는 점을 생각해 볼 수 있다. 루크레티우스에 따르면, 성년이 되었을 때 우리의 지체들에서는 수많은 씨앗들이 생성되어 사지를 격동시키고 들쑤신다. 진하게 응축된 씨앗들이 "사지와 지체들을 통해 온몸으로부터 떠나서, / 힘줄의 정해진 자리로 모여서 곧장 / 몸의 생식하는 부분 자체를 자극한다. / 그 장소는 씨앗으로 인해 흥분되어 부풀고, 맹렬한 욕망이 / 지향하는 곳을 향해 그것을 쏘아 보낼 욕구가 생긴다."(4: 1042-1046) 결합과 분출에 대한 이런 열망, 즉 잉태하고 생식하고자 하는 생명의 근원적 충동을 일러 루크레티우스는 '베누스'(venus)라고 부른다. 전체 자연의 베누스는 개체에게서는 성욕(에로스)으로 발현되는데, 그때 그것은 역동적 에너지 차원에 머물지 않고 실제적 대상들을 향한다.

베누스의 무기에 타격을 받은 사람은, / 소년이 여성적인 몸매로 그를 맞혔든, / 여인이 온몸으로 사랑을 던졌든, / 타격

이 비롯된 곳, 거기로 향하고 결합을 행하고자 / 육체로부터
육체로 액체를 이끌어 쏘아 보내고자 한다.(4: 1052-1056)

성 에너지는 아무 때나, 아무에게나, 아무렇게나 생겨나
지는 않지만 흐르고 연결되는 것을 본성으로 하는 힘이다. 아
직 이 힘은 이름을 모른다. 고상한 의미나 관념에 갇히지 않
는다. 이때까지도 "말없는 욕망이 쾌락을 예고하기 때문이
다."(4: 1057) 사실 루크레티우스에게 이러한 베누스 자체는
전혀 문제가 아니다. 앞에서 보았듯, 오히려 그것은 존재하는
모든 것들을 열매 맺게 하는 자연의 원초적 창조력으로서 시
집 전체에 걸쳐 찬미된다. 베누스가 육체에서 정욕으로 발현
되는 것도 자연스럽다. 문제는 그 다음이다. 우리는 베누스로
연결된 대상에 이미지와 의견들을 덧붙인다. 아름답다, 좋다,
갖고 싶다, 뺏기고 싶지 않다 등등. 이런 판단들에 베누스가
묶이고 고일 때, 우리는 그 대상을 지속적으로 떠올리고 상상
하면서 갈망하게 된다. 사냥망에 잡힌 것과도 같은 이런 상태
를 일러 루크레티우스는 "베누스의 단단한 매듭"(4: 1148)이라
고 표현했다.

이것이 우리의 베누스다. 그리고 여기서 아모르라는 이름이,
/ 여기서 처음 베누스의 저 달콤함이 방울져 / 가슴속으로

들고, 또 냉기 어린 근심이 뒤따른다. / 왜냐하면 그대가 사랑하는 대상이 떠나 있다 해도, 저 이의 영상이 / 곁에 머물고, 달콤한 이름이 귓전에 맴돌기 때문이다.(4: 1058-1062)

베누스에서 아모르(에로스)가 나오고, 에로스는 화살을 쏘아 사람을 돌게 만든다. 그럴 때 그 사람은 마치 감염된 것처럼 정신 속에서 반복 재생되는 특정 영상, 즉 '시뮬라크라'(simulacra) 다발을 수신하게 된다. 다른 곳에서 다른 일을 하고 있어도 그 사람의 얼굴, 웃음, 목소리, 몸이 떠오르고, 지금 뭘 하고 있을지, 어떤 기분일지, 나를 생각하는지 궁금해진다. 물론 처음에는 좋을 수 있다. 하지만 '베누스의 저 달콤함'과 '냉기 어린 근심'은 한끗 차이다. 만약 그 사람에게서 웃음이 사라진다면, 그가 슬퍼하거나 아파하기라도 한다면 어떨까? 혹은 나를 미워하거나 다른 누군가를 사랑한다면? "그녀가 눈길을 너무 자주 던지고 다른 이를 바라보는 듯 / 생각될 때, 그리고 그 얼굴에서 웃음의 흔적을 보았을 때"(4: 1139-1140)에도 달콤함은 여전할 것인가? 어떤 이유로든 상대가 나를 떠나게 된다면, 그때는 곁을 맴도는 저 선명한 시뮬라크라들이 끔찍한 쓴맛일 수밖에 없지 않을까? 가장 강한 쾌감을 주는 사랑이 가장 강한 고통을 주는 것은 이 때문이다. 만물은 항시 구부러지고 흩어져 버리는데 이미지와 표상은 견고하기에, 우리는 상실감을 면할 수 없다. 이렇게 보면 괴로움은 사랑이 변질된 후에 찾아오는 게 아니라 사랑이 그 자체로 포함하고 있는 이면이다. 나는 사랑이 분노나 슬픔이나 두려움 같은 정서보다 더 낫다고 변호했으나 사랑은 이미 이들을 포함하고 있었다. 그래서 루크레티우스는 단호히 말한 것이다. "이 쾌락의 샘 한가운데서 / 어떤 쓴맛이 솟아서, 바로 꽃들 가운데서 목을 조른다."(4: 1133-1134)

조금 착잡하긴 하지만, 이 정도야 뭐, 감당하면 되지 않겠는가! 암, 좋은 만큼 힘들기도 하겠지. 들떠서 올라갔으면 곧 그만큼 내려가야 하는 법이니까. 이렇게 초연한 듯 말해도 염려는 되었다. 다툼이든, 권태기든, 바람이든, 이별이든, 실제 내게 벌어질 거라고 생각하자 아찔아찔했다. 이것들이야말로 들뜬 내가 공중에서 내려와 맞이하게 될 장면들이었다. 그때 내 안에 펼쳐질 정념의 파노라마를 가늠해 볼 수 있을까? 사랑을 질병이라고까지 말하면서 루크레티우스는 무엇을 경고하고 있는가?

사랑의 병증들 : 환각, 소유, 교환

루크레티우스에 따르면, 우리는 보이는 대로조차 보지 못한다. 이미 형성된 사물들의 표상이 끊임없이 감각의 과정에 개입하기 때문이다. 우리 인식이 그렇게 이루어진다. 이런 '제멋대로 보기'의 끝판왕은 사랑이다. 사랑의 그물에 걸린 자는, 요정이니 여신이니 백마 탄 왕자니 하며 상대방에게 갖고 있지도 않은 장점을 부여한다. "검은 여자는 '꿀빛'이라고, 지저분하고 냄새나는 여자는 '꾸밈없다'고, / (……) 키 작고 왜소한 이는 (……) '알짜배기 순수 소금'이라고, / 덩치 크고 우람한 이는 '감탄을 자아낸다, 위엄 있다' 한다."(4: 1160-1163) 연인을 향한 이러한 칭찬과 미화를 우리는 흔히 '콩깍지 씌었다'라고 표현하지만, 루크레티우스는 보다 진지하게 끔찍한 환각이라고 지적한다. 사랑을 병적으로 만드는 토대가 이 강력한 자발적·비자발적 착시이기 때문이다.

우리가 다시 정신을 차리면, "거기서 자신의 우매함을 저주할 것이다, 자신이 그녀에게, 필멸의 존재에게 / 허용해 마땅한 것 이상을 부여했음을 그제야 볼 터이니."(4: 1183-1184) 콩깍지 혹은 환각은 단순히 거짓이기 때문에 문제인 게 아니다. 상대를 과찬하고 완전무결한 존재로 보는 동안 우리 안에서 일어나는 욕구의 회로가 달라진다는 것이 문제다. '필멸의 존재'에게 우리의 애착과 욕구는 무한하게 일지 않는다. 인간은 태어나고 늙어 가는 존재요, 숨 쉬고, 먹고, 싸고, 실수하고, 말썽 많은 개체다. 이런 면면들 전체를 볼 수 있는 이상 무한정 애착은 불가능하다. 환각의 위험은 상대에게서 이 필멸성의 국면들을 모두 삭제한다는 데에, 그럼으로써 제한 없는 욕망을 불러오는 통로가 된다는 데에 있다. 사랑은 현실 속을 나뒹구는 민낯의 인간이 아니라 거기 덧씌운 이미지를 향한다. 내가 보고 싶은 그, 내가 사랑하고 싶은 모습의 그, 나만을 사랑하는 그. 우리는 표상을 사랑하고 표상을 탐닉한다. 이런 의미에서 사랑은 생성을 부정하며, 감각되는 것을 앞에 두고도 환영을 좇는다. 그럴 때 욕구는 한계를 잊고 허공으로 뻗친다. 그 헛된 갈애의 절박함을 보자.

마치 목마른 사람이 꿈속에서 물 마시길 꾀하나, 그의 사지에서 / 열기를 꺼줄 수 있는 물은 주어지지 않고, / 그는 음료의 영상을 좇으며 헛되이 애쓰고 / 타는 불길 가운데서 마시면서도 목마른 것처럼, / 꼭 그렇게 베누스는 사랑 속에서 영상으로써 사랑에 빠진 자들을 희롱하고, / 그들은 눈앞에 보면서도 자신들의 몸을 만족시키지 못하고, / 손으로써 부드러운 사지에서 무엇 하나 벗겨 내지 / 못한다, 확신 없이 온몸을 방황하면서. / 마침내 사지로써 결합하여 청춘의 꽃을 / 즐기게 되고, 이제 육체가 즐거움을 예고하며, / 여성의 밭에 베누스가 씨를 뿌릴 바로 그 순간에 / 그들은 탐욕스레 육체를 부딪고, 입의 타액을 / 서로 섞으며, 이로써 입을 누

르고 숨을 헐떡인다. / 헛되이. (……) / 그 정도까지 그들은
열망으로써 베누스의 연합 속에 엉겨붙는다. / 사지가 쾌감
의 힘에 풀려 늘어진 동안에도.(4: 1097-1114)

아일랜드의 시인 W. B. 예이츠(William Butler Yeats, 1865~
1939)는 이 문장이 "지금껏 성행위를 묘사한 모든 표현들 중
에서 가장 빼어나다"고 적었다.스티븐 그린블랫, 『1417년, 근대의 탄생』, 247
쪽에서 재인용 음, 장면의 에로틱함은 확실한 것 같다(*^^*). 하지
만 이보다 훨씬 분방하고 낯 뜨거운 성적 묘사를 담은 문학작
품은 차고 넘칠 텐데, 이 구절이 가장 빼어나다고 말해지는 이
유는 뭘까? 그건 섹스에 대한 적나라한 묘사 때문이 아니라,
충족 불가능한 사랑의 본성에 대한 날카로운 분석 때문일 것
이다. 루크레티우스가 사용하는 동사들을 보자. 좇고, 꾀하고,
애쓰고, 방황하고, 부딪고, 섞고, 헐떡인다. 한마디로, 허우적
댄다. 사랑에 빠진 자들은 망상적 열병 속에서 허우적거리고
있다. 연인을 애타게 그리워할 때뿐만이 아니다. 사지로서 결
합하여 성애를 즐길 때조차도, 심지어 정사가 끝난 후에도 갈
구는 이어진다. 하지만 닿고자 하는 신기루에는 닿을 수 없고,
갈증은 사지의 힘이 풀려 늘어진 후에도 사라지지 않는다.
　여기서 루크레티우스는 환영에 의한 욕구가 제한 없이
펼쳐지고 있음을 강조한다. 그것은 육체적 욕구와 구분되며

이를 훨씬 웃돈다. 육체와 육체의 에너지는 물질적이다. 끝을 모르고 달리지 않는다. 오히려 과하면 탈이 난다. 따라서 신체는 어떤 것을 계속해서 원할 수 없다. 비워진 것이 채워지고 채워진 것이 비워지면 만족한다. "물과 빵에 대한 이 욕구는 쉽사리 채워지기 때문이다."(4: 1093) 정욕 자체도 마찬가지다. 신진대사 활동에 의해 배고픔이나 목마름이 오고 가듯, 결합과 분출의 욕구는 자연스럽게 불거졌다가 또 줄어든다. 마치 펴졌다 모아지는 꽃봉오리와도 같다. "모여 있던 욕구가 힘줄에서 무너지게 되면, / 잠깐 동안 열정의 광란에 작은 휴식이 생겨난다."(4: 1115-1116) 이런 정욕이 집착적 색욕이 되고 한계를 넘어 날뛰는 경우는 갖가지 표상들이 들러붙어 촉매 역할을 할 때다. 탐식과 탐미가 언제나 강렬한 이미지를 전제함을 생각해 보자. 환영들과 결탁된 애욕은 "우리가 그걸 더 많이 가질수록 / 가슴이 더욱더 무서운 욕망으로 불타게 되는 유일한 것이다."(4: 1089-1090) 우리는 정욕을 동물적이고 저속하다고 비난하고 사랑을 정신적이고 숭고하다고 떠받들지만, 사실 정욕 자체는 탐닉을 모른다. 사랑이야말로 무제한적 탐욕과 맞닿아 있다. 환상을 경유하는 한 결코 "쾌감이 순수하지 않아서"(4: 1081) 그렇다. 결코 사라지지 않는 갈증. 결코 충족되지 않는 허기. 이것이 루크레티우스가 진단하는 사랑의 가장 큰 해악이다.

다행히도 내게는 이 정도로 대책 없는 증상이 일어나지는 않았던 것 같다. 콩깍지가 씌었긴 했지만 그래도 미숙한 인간으로 보였고, 애정이 솟긴 했지만 막 폭발적이지는 않았다. 할 일이 밀려 바쁘면 데이트가 슬쩍 부담되기도 했다(연애와 공부는 순탄하게 병행되지만은 않는 듯^^). 그럼에도 불구하고 상대를 미화하고 싶고 내 기대와 바람대로 붙잡고 싶어 하는 마음이 있던 것은 맞다. 루크레티우스의 묘사처럼 과격하지는 않아도 그 열망의 뿌리는 다르지 않을 것이다. 없는 것은 갖고 싶고 가진 것은 잃고 싶지 않은 바람, 즉 소유의 열망이다.

소유욕이야말로 사랑의 가장 병적인 면이 아닐까? '나의 여자', '내 남자', '내 사랑'이라 부르며 사랑하는 이에게 울타리를 치는 바로 그 순간, 거기에서 질투, 의심, 실망, 근심, 미움 등의 온갖 선물세트가 고구마줄기처럼 딸려 나온다. 마음이 중구난방 널뛴다. "사랑에 빠진 사람의 열정은 / 소유의 바로 그 순간에도 불확실한 방향으로 출렁이고 / 확신하지 못하니 말이다."(4: 1076-1078) 소유의 본질은 다른 이들이 함부로 접근하지 못하게 하는 배타성에 있다고 한다. 그렇기에 다른 놈이 너를 나만큼 좋아한다거나, 네가 다른 놈을 나만큼 좋아한다는 것이 화가 나고 괴로운 일이 된다. 너는 나의 것이어야만 하는데! 하지만 자연학적으로 우리의 신체와 베누스의 욕망은 결코 그런 약속이나 당위 따위에 가둬지지 않는다. 가둬질 수 있는 것이었다면 애초에 그렇게 많은 약속이나 제도도 필요 없었을 것이며, 로맨스든 불륜이든 다이내믹한 사건들도 없어야 할 것이다. 베누스는 관념의 울타리 사이를 빠져나와 여기저기로 흘러가 접속하고자 한다. 이런 탈주가 자신 안에서도 일어나고 있음을 잘 알아서일까, 우리의 의심과 번민은 쉼이 없다. 나를 제일 좋아하는 게 맞나? 저놈과는 어떤 관계지? 왜 연락이 없는 걸까? 이런 불안은 무척 미세해서 아무 개연성이 없어도 늘 깔려 있는 것 같다. 이 짧은 기간 동안 나에게도 일어났었으니 말이다.

"너넨 여자친구가 알바에서 만난 사람들이랑 1박 2일로 계곡 간다면 어쩔 거냐?" 친구놈들 중 한 명이 시무룩하게 물었다. 물론 남자들이 섞여 있다. 예전에는 쿨한 척하면서 '그래도 보내 줘야지' 하며 대답했겠지만 하지만 이제는 다르다. 나는 정말로, 여자친구가 친하다는 선배와 밥을 먹는 일이 신경 쓰일 줄은 몰랐다! 겨우 그 정도에 걸린다는 사실이 조금 부끄럽고 충격이었다. 무엇보다 제법 훤칠한 인물이라는 사실이 신경 쓰였다. 오, 이런 거였구나. 계곡, 상상할 수도 없다! 드문드문 오는 카톡을 확인하며 여친의 술자리가 끝나길 기다리던 친구의 퀭한 눈이 떠오른다. 새벽 두 시가 넘은 시간이었다. 아무래노 나노 퀭할 것 같다. 보롱 심난하지 않을 것 같다. 반대의 상황이라면 상대방도 편치 못할 것이다. 갈 만한 술자리가 없다는 사실이 갑자기 안도감을 준다. 하지만 모임이든 여행이든 비슷한 상황이 얼마든지 벌어질 텐데, 그때마다 속이 타는 것은 어쩔 수 없는 걸까? 독점이라 하건 배타성이라 하건 서로에 대한 소유적 성격이 전혀 없는 프리하고 쿨한 관계가 더 좋은 것일까? 그보다 그런 관계가 가능은 한가?

어려움은 여기서 끝나지 않는다. 우리를 소유관계로 묶었던 사랑은 곧바로 교환관계로 변모한다. 내가 너를 이만큼 사랑하는데, 너는? 널 위해 이렇게 희생했는데, 너는? 우리는 끊임없이 상대의 사랑을 확인한다. 보낸 것에 상응하는 무언가가 돌아와야 한다. 연인들을 가장 괴롭게 하는 것은 상대의 실수나 결점보다도, 내가 사랑하는 만큼 사랑받지 못한다는 느낌이다. 반대로 받은 만큼 돌려주지 못하는 상황도 부담을 준다. 애정의 균형이 맞지 않는 사랑은 언제나 위태로우며 많은 경우 시작도 전에 단념된다. 엇나간 삼각관계나 짝사랑이 늘 슬픈 것은 그 때문이다. 대가를 바라지 않는 무궁한 사랑은 너무나 드물어서, 사랑이라기보다는 헌신이나 박애에 가깝게 여겨지는 것 같다.

사랑을 지배하는 교환의 관념은 감정에만 국한되지 않는다. 특히 우리 세대의 연애관계는 그 구석구석에도 깨알 같은 비교와 계산이 들어가는 것 같다. 사랑을 위해 인생을 바치거나 재산과 경력을 탕진해 버리는 경우는 거의 없다. SNS와 각종 데이팅어플의 도움을 받는 우리 시대의 만남은, 외모나 성격만이 아니라 재산, 직업, 스펙, 취향, 취미, MBTI 등의 조건들을 쇼핑하듯 꼼꼼히 따지고 시작되지 않던가. 그렇기에 주는 만큼 받고 받는 만큼 주는 관계(일명 'n빵')가 당연시된다. 공평성이 미덕이다. 경제적으로나 취향적으로 비슷한 수준이 맞춰지지 않으면 만남이 시작될 가능성이 확 줄고, 교제 중에도 자신과 상대를 견줘 보는 비교가 계속된다. 게다가 이 저울질은 둘 사이에만 이뤄지지 않는다. 평균이 개입된다. 다들 해준다는데 이 정도는 해줘야 하지 않을까, 이 나이라면 이것도 좀 갖춰야 하지 않을까…. 이 부분이 내겐 좀 어려웠다. 돈이나 지위, 취향에서도 별 볼 일 없는 나로서는 아무래도 이 광범위한 저울질 앞에서 좀 위축되었던 것 같다. 한참 좋아서 들떠 있던 시기에조차 은근한 불안과 염려가 스며들어 있던 이유다. 이처럼 관계의 안팎으로 밀려드는 이런저런 코드들과 사례들은 사랑을 비교와 계산의 행위로 전락시키고, 너와 나 사이에서 지금 일어나는 환원 불가능한 교류를 건조하고 빛바래게 만든다.

환각, 소유, 교환. 이 세 가지가 사랑의 토대에 뿌리내리고 있기에, 우리는 사랑의 한복판에서도 그 기쁨을 온전히 누리지 못한다. 환상을 좇으며 욕구를 무한정 부풀리고, 놓치거나 잃을까 마음을 졸이면서 상대와 주변을 의심한다. 사랑하는 만큼 사랑받지 못할까 초조해하고, 외적인 스펙과 기준을 견주며 스스로에게 불만을 품는다. 이렇게나 많은 번민과 반목을 일으키는 정념을 과연 행복이라고 말할 수 있을까? 그 소용돌이 안에서 과연 우리는 세상을 얼마나 긍정할 수 있을까? 어쩌면, 들뜨고 가라앉고 기대하고 실망하기를 반복하는 동안 자신은 물론 사랑하는 사람의 생생한 실존조차 부정하고 있는 건 아닐까?

이제 루크레티우스가 사랑이 질병이라고 경고한 이유를 조금 알 것 같다. 우리의 사랑은 환각, 소유, 교환으로 얼룩진 베누스다. 차단되고, 구획지어지고, 내몰려서 곪아 버린 베누스. 그것은 더 이상 베누스라고 할 수 없다. 자연의 활발발活潑潑한 생식력은 이미지화된 성애와 왜소한 도덕적·경제적·사회적 코드 속에서 왜곡되고 부정되고 있다. 독수리가 날개도 떼이고 다리도 떼인 채, 닭장 속에 갇혀 망상에 취해 있는 모습이 상상된다. 이것이 우리의 사랑이다. 여기까지 생각이 이르고 보니, 내가 늘 바라 왔던, 그리고 얼떨결에 시작했던 연애가 조금 다르게 보인다. 말할 수 없이 소중하고 고마운 사건인 것은 명백하지만, 어디까지나 미숙한 남녀의 애정에 기반한 체험이다. 그런 한에서 치우치고 좁다. 이제 이걸 알겠다.

후일담 : 그럼에도 불구하고, 베누스를 말하다

한참 구름 위를 걷고 있을 무렵 썼던 글을 여러 계절이 지나서 다시 고쳐 쓰다 보니 기분이 묘하다^^. 씁쓸하면서도 웃기고 부끄러운 와중에 신기하다. 달콤함에 푹 빠져 있으면서도, 주의하자고, 조심하자고, 혼자서 참 열심히도 당부했었다. 어떻게든 루크레티우스의 경고를 이해해 보겠다고 말이다. 하지만 찾아온 이별 앞에서는 속수무책이었다. 아주 얼얼했다. 좋았던 봄날만큼이나 길고 시린 겨울이었다. 다행히 사랑이 미움으로 뒤바뀌는 극적인 반전은 없었다. 하지만 나는 오랜 시간 허우적대야 했는데, 그건 지속적으로 밀려오는 자기부정 때문이었다. 스스로에게 켜켜이 쌓아 올린 좋지 못한 평가와 거기서 스며 나오는 좋지 못한 감정들은 상실감보다 더 무거웠고 더 오래갔다. 뭐가 잘못되었는지, 어떻게 했어야 했는지, 다르게 할 수 있었는지, 해답 없는 의문들에 멍하니 잠겨 있는 시간이 길었다. 나의 외적이고 내적인 결점들 때문이겠지. 이렇게 문제의 원인을 나로 돌리면 시끄러운 의문들은 정리되었지만 별로 유쾌하지는 않았다.

얼얼함은 가셨지만 냉소와 자조가 남았다. 그 부정적 그림자는 다른 사랑을 시도하기를 주저하게 했다. 그런 점에서 아직 후유증을 앓고 있다고 할 수 있는 나는, 바로 그 자리에서 다시 루크레티우스를 찾고자 한다. 따져 묻고 싶은 게 있기 때문이다. 왜 계속 베누스인가? 사랑의 해악을 그토록 매섭게 고발해 놓고도 왜 여전히 그 원천인 베누스를 찬미하고 있는 가? 사랑이 주는 이 많은 고통과 상처를 지적하면서도 왜 이 곳저곳에서 시작되는 사랑의 발생 자체는 문제 삼지 않는가? 이는 이율배반처럼 보인다. 결과는 비판하면서 원인은 찬미 하고 있으니 말이다. 바로 여기가 오해의 지점이다. 베누스가 사랑과 그 아픔의 원인이 될 수도 있겠지만, 그것만은 아니다. 그보다 앞서, 베누스는 모든 새로운 만남과 부단한 결합을 일 으키는 생동력이다. 그렇기에 베누스는 오히려 기쁨의 원인 이자 사랑이 초래한 병들을 낫게 하는 원인이기도 하다. 이 사 실을 외면할 때만이, 사랑의 피해를 막으려면 베누스도 고발 되어야 한다는 논리가 세워진다. 성적 체험이 상처를 준다는 이유로 욕망을 비난하고 육체를 비하했던 기독교의 오랜 역 사가 그랬다. 겨우내 어두운 자기규정을 곱씹던 나 또한 여기 서 그리 멀리 있지 않았을 것이다. 하지만 루크레티우스를 끝 까지 따라간다면, 사랑 뒤에 파인 음습한 수렁을 빠져나오게 하는 힘은 사랑의 원천이었던 베누스에 있다.

베누스는 코드화되기 이전, 인간적인 사랑으로 분절되기 이전의 욕망이다. 그것은 나 자신보다 먼저 있어 왔고, 나라 는 개체를 넘쳐흐르는 힘이다. 그 흐름은 애인, 가족, 친구, 민족, 심지어는 종의 경계를 넘어선다. 살아가려는 모든 존재들을 발생시켰고, 그들의 실존을 힘껏 떠밀어주는 생동력이다. 모든 복합체의 원자들이 이루는 결합방식을 이전과는 다른 조성으로 변모시키는 산들바람이다. 베누스의 이런 흐름을 믿는다면, 나는 스스로 쌓아 올린 이런저런 자기규정들에 아무런 정당성도 없다고 말할 수 있어야 한다. 헤어졌다는 사실이나 내가 부족했다는 생각은 자기 자신을 비하할 어떤 이유도 되지 못한다. 베누스의 바다에서 헤어짐은 만남만큼이나 당연하며 사실상 만남을 가능케 하는 조건이다. 또한 부족함은 남들의 사례에 비교해 덧붙인 사후의 평가에 불과하다. 그때는 그런 원자적 배치 속에서 이룬 모습이었을 뿐이며, 지금은 그때처럼 하고 싶다고 해도 결코 할 수 없는 또 다른 모습을 이루고 있다. 베누스는 '나'를 둘러싼 관념들보다 훨씬 먼저 흘러왔고 흘러갈 것이다. 어디론지는 몰라도 어디론가 가게 하는 그 힘이 우리에게 망각을 불러오고 데인 곳이 곪지 않게 한다. 충분히 앓았다면, 또다시 우리를 안전하지 않은 곳으로 데려갈 베누스의 인도를 성심껏 맞이하면 될 일이다.

　　뾰족하게 해결된 것은 없다. 여전히 풀리지 않는 실타래들이 마음 여기저기에 자리를 잡고 있다. 설령 그것들을 쌈박하게 설명할 해답을 찾은들 무슨 소용이겠는가. 그것은 그때일 뿐이다. 또다시 달콤함에 취하고 쓰라림을 맛볼 것이 빤하다. 다음번에는 더 좋은 연애를 할 거라는 다짐은 못하겠다. 바란다고 뜻대로 되지도 않을 테고, 어떤 만남이 될지도 예상할 수도 없을 테니까. 하지만 한 가지, 나 자신을 부정하고 슬픔을 재생산하게 하는 표상 및 사고 습관들과 싸우는 일만은 멈추지 말아야지. 이 즐거움이 영원해야 한다는 기대와 이 아픔이 계속될 것이라는 두려움 아래 어떤 오해들이 자리 잡고 있는지 파헤치는 일만은 멈추지 말아야지.

우리가 자연을 믿는다면, 베누스를 믿는다면, 쾌락도 고통도 같은 상태로 멈춰 있지 않으리라는 걸 믿어야 한다. 겨울이 오고, 또 봄이 온다. 이걸 늘 기억하면서 또 다가올 시절의 인연들에 최선을 다해 응답하기. 힘껏 흔들리며 겪어 본 적 없었던 자신을 겪기. 그리고 거기서 또 빠져나오기. 루크레티우스처럼, 어떤 일이 있어도 그러한 만남들을 영원히 긍정하기.

10화 자족이라는 이름의 풍요

스톱, 피터팬 코스프레

돈에 대한 생각은 사람 수만큼이나 다양하겠지만, 진지함의 정도로 따져 보면 나는 돈을 우습게 여기는 편이다. 타고나길 저럼한 취향 때문인지 공동체 환경에서 자라서인지는 잘 모르겠다. 나는 돈의 위력을 잘 몰랐고, 돈 쓰는 것을 버는 것만큼이나 내켜하지 않는다. 물론 한창 학교 다닐 때, 특히 알바를 할 때는 넉넉히 용돈받는 애들이 부러웠지만 그때뿐이었다. 돈이 뭐 대수인가? 조금 벌어 조금 쓰면서도 잘 살 수 있다는 게 내 신조였다. 그래서 내게 낯설고 거북했던 것은, 모든 가치가 일단 '쉽게 그리고 많이' 버는 데 있는 것처럼 구는 분위기였다. 너도나도 덜 일하고 더 버는 삶을 위해 경쟁했다.

입시-학점-취업-승진-투자-재투자의 코스는 꼭 그 목적을 위해 짜인 것 같았다. 치솟는 서울살이 비용이 그 코스를 정당화해 주는 듯했고, 광고창과 SNS를 채우는 온갖 신상품들의 끝없는 향연은 강력한 동기부여였다. 가장 힘 빠지는 건 그 대열에 휩쓸려서 어울리지도 않게 돈돈 운운하는 내 모습을 발견할 때였다. 그렇기에 연구실 생활을 시작했을 무렵 나는 놀람과 함께 일종의 해방감을 느꼈다. 돈에 대해 다른 말을 하고, 먹고사는 일을 소비에 내맡기지 않는 곳이라니! 연봉이나 석금, 청약, 투자 등 신경 쓰고 싶지 않은 돈의 중력에서 벗어난 것 같았다. 질척한 필요의 늪에서 빠져나온 기분이었다. 적은 돈으로 공부하며 살아갈 수 있음을 확인했고, 몇 년간 그렇게 살았다.

"나 돈 많아!" 친구들이나 가족들이 물어올 때면 나는 이렇게 답했다. 물론 갑부라는 뜻이 아니라, 충분하다는 의미다. 진심으로 그렇게 느꼈다. 연구실 활동비로 월세 내고, 핸드폰비와 교통비 내고, 세미나 도서를 사도 대충 몇 만 원이 남았다. 가끔 친구들을 만나면 한턱 쏘기도 했다. 아프거나 사고가 나면 어쩔 거냐는 형의 우려는 흘려 넘겼다. 아직 젊고, 위험한 짓 안 하니까, 뭐. 지금은 문제 될 거 없다. '지금'에 초점을 맞추면 된다. 지금 나는 홀몸이고, 매일 나가 공부할 곳이 있다. 당장 옷을 사지 않아도 된다. 밥을 함께 해 먹는다. 아픈 데 없다. 그래서 돈이 필요 없다. 있으나 없으나 비슷하게 살 것 같고, 더 있으면 오히려 뭐라도 사고 싶은 마음이 생겨서 괜히 번다하기만 할 것 같다. 안 그래도 충분히 바쁘고 좋은데.

이런 생각으로 나는 종종 세대불문 불어 대는 투자 열풍을 비웃었다. 뭘 모른다고 생각했다. 돈에 매이지 않는 내가 그들을 이긴다고 생각했다. 하루하루 몸 누일 곳 하나 있으면 그만이고 그런 소박한 생활이 더 멋지지 않느냐고. 여기에 내가 배우는 것들을 슬쩍 끼워 넣기도 했다. 에헴, 철학은 자고로 재물을 멀리해야 하는 법! 바보야, 문제는 돈이 아니라니까! 이렇게 외치면서(물론 속으로), 나는 언제까지고 내가 피터 팬처럼 살 줄 알았다. 이런 관념이 굳어져 은근한 자부심이 되어 갈 무렵, 내 신변에 변화가 찾아왔고, 나는 이 어설픈 '안빈' 安貧을 되묻지 않을 수 없었다.

일찍이 루크레티우스는 사랑 앞에서 "재산은 흘러가 버리고, / (……) 머리띠와 두건이 되고, / 희랍식 외투로, 그리고 엘리스와 케오스 산 옷감으로 바뀐다"(4: 1123-1130)고 경고했었다. 다행히 내게는 흘러갈 만한 재산은 없지만, 연애라는 경험은 나의 충분함을 사뿐히 뒤집어 버렸다. 돈 많다던 말은 쏙 들어갔다. 늘어난 지출 때문만은 아니다. 일주일에 한 번 만나 노는 게 얼마나 되겠는가. 문제는 '그 다음'이었다. 누가 되었든 간에 내 인생 행로에 동반자가 있을 수 있겠다는, 생각하기를 미뤄 두었던 '미래의 삶'이 머릿속에 떠오르기 시작했기 때문이다. 그리고 그 상대가 경제적 문제를 나처럼 생각하고 느끼지 않을 수 있으며, 그럴 가능성이 훨씬 크다는 걸 알게 되었다. 만남이 이어질 때 자연히 떠올리게 되는 '앞날'을 두고 본다면, 지금 나의 처지와 자기만족은 누구에게라도 고민거리가 되기에 충분했다. 그러자 자의식이 모락모락 피어났다. 아, 내가 불안을 주는구나. 소중한 이를 힘들게 하는구나. 여기에 생각이 미치자 머리가 띵했다.

지금까지 내 모든 계산의 전제는 '이 한 몸'이었다. 돈벌이를 경시했던 것도, 고민 끝에 학교를 그만둘 수 있었던 것도 '까짓거, 몸뚱이 하나 못 건사하겠나' 하는 자신감 덕분이었으니까. 그런데 몸뚱이 하나가 아니라면, 그것도 나와는 다른 환경에서 자랐고 취향과 신체가 다른 존재가 더 있다면 얘기가 달라진다. 심플하던 계산식은 복잡해진다. 생존이 아닌 생활을 꾸려 가야 할 것이고, 지금까지처럼 침침한 반지하 방구석이 아니라 '집'이 필요할 것이다. 아아, 집…! 이건 도저히 어떻게 해볼 수가 없는 장벽이었다. 여기 부딪히자 낯선 근심이 마구 밀려들었다. 하늘 높이 솟은 아파트들을 멍하니 올려다보기도 하고, 저걸 원하는 게 맞는 건가 묻기도 했다. 부동산으로 장난치는 사람들을 미워도 했다가, 돈을 우습게 여겼던 내 철없음을 비웃기도 했다. 그래, 벌긴 벌어야 하는데 어떻게?

당장 일을 시작해야 하나, 다시 취준 사이클로 돌아가야 하나? 하지만 나는 공부가 하고 싶은데. 그럼 책을 잔뜩 써내야 하나? 그럼 좋겠지만 역부족이다. 글 한 편에도 매번 쩔쩔매고 있으니! 아님 다들 하는 주식이나 코인? 오 제발, 그것만은 하고 싶지 않다. 연애를 시작하고 몇 달이 지나자 돈, 미래, 집, 공부, 만족 등을 둘러싼 회의와 혼란이 머릿속을 둥둥 떠다녔다. 여지껏 무심했던 태도를 꼬집기라도 하듯 말이다. 며칠 앓기도 했다(인과성은 확인 안 되지만). 역시 달콤함의 뒷맛은 쓰디쓴 법인가.

뾰족하게 해결된 것도 없고 심난함도 남아 있었지만, 그래도 이 사달에 대해 한 가지 진단을 할 수 있었다. 가장 근본적인 난점은 연애든 돈이든 공부든, 이 문제들을 마주할 때 어떤 기준도 잡지 못하고 있었다는 데 있었다. 초점을 맞출 중심이 없으니, 누군가의 말에, 사회의 기준들에, 혹은 나 자신의 자격지심에 이리저리 휘청거렸던 것. 그런데 여기서 나의 '초점'이란 무엇이어야 할까? 루크레티우스에게서 배우고 다른 모든 철학에서 배운 바대로라면 '기쁘게 살아감'이다. 에피쿠로스의 용어로는 쾌락이다. 맞다. 기쁘게 살기 위해서 공부도 시작한 것 아니던가. 연애도 돈도 집도 이 척도 아래서 생각되어야 한다. 많아야 한다 혹은 적어야 한다는 이항선택의 문제가 아니다. 어떤 조건이든, 그것들을 경유하면서 나 자신의 행복에 이를 수 있는가, 그 안에서 맑게 웃으며 살 수 있는가만이 관건이다. 그렇다면 이제는 물을 수 있어야 한다. 내가 바라고 있는, 의심하면서도 필요하다고 느끼는 물질이나 상태가 정말 나를 영혼의 쾌락으로 이끄는지, 어느 수준에서까지 그러한지, 어떤 표상들이 그 수준을 못 보게 하는지 정신 붙들고 짚어 볼 수 있어야 한다.

다다익선이라는 망상

최근 놀랐던 것은, '일단 뭐라도 많이 있기만 하면 좋겠네'라고 중얼거리고 있는 내 모습이었다. 왜냐하면 평소 나는 그와는 반대로 말해 왔기 때문이다. 철학자들을 인용해 가며, 행복은 많은 것을 누린다고 얻어지는 게 아니라고 말해 왔다. 약간의 지성만 발휘해 봐도 다다익선이란 명제가 틀렸음을 알수 있다. 재벌들이나 연예인들의 약물 중독을 언급하지 않더라도, 이토록 많은 음식과 서비스를 누리면서 깨끗한 집에 사는 우리에게도 우울증과 화병이 만연하니 말이다. 이미 이천년도 더 전에 루크레티우스가 말하지 않았던가. "설사 불그레한 자주 염료로 직조된 그림 위에 / 그대가 눕는다 해도, 서민의 직물 위에 누워야 할 때보다 / 뜨거운 신열이 더 빨리 사라지는 것은 아니"(2: 34-36)라고. 대단하진 않지만 물건이든 관계든 내가 뭔가를 소유했을 때만 떠올려 봐도, 기쁨은 잠깐이고 곧이어 비교심리나 상실에 대한 걱정이 자라나곤 했음을 기억할 수 있다. 모인 것은 흩어지는 법. 더 크게 모인 것은 더 크게 흩어지는 것이 자연의 이치다. "사물이 크면 클수록, / 그리고 그것이 넓을수록, 이제 사방 온 방향으로 / 더 많은 알갱이들을 흩어서 자신으로부터 내어보내기 때문이다."(2: 1133-1135) 그 이치를 거슬러서 더욱더 모으고 쌓아 두려고만 할 때 두려움과 불안을 피할 수 없다. 많을수록 좋다는 관념의 허황됨은 이토록 자명하다. 그런데, 왜 우리는 이 자명한 사실을 잊게 되는 걸까? 그럼에도 좀 갖추는 게, 넉넉한 게 좋지 않을까 하는 마음이 올라오는 것은 언제인가? 신변에 변화를 겪을 때, 지치고 피곤할 때, 불확실한 우연이나 수고를 없애고 싶을 때다. 이런 불안과 피로 위에서 미래를 상상할 때 다다익선이 정당화된다.

'미래를 대비한다'는 말만큼 다다익선을 옹호하는 것이 있을까? 청년도 중년도 노년도 심지어 어린애도 '앞날'이라는 단어 앞에서는 우선 두둑하게 준비하고 보는 게 옳다고 여기는 것 같다. 입시, 취직, 결혼, 집, 양육, 노후, 혹시 모를 사건 사고 등의 '중대사'들은 축적과 투자를 허용하고 또 종용한다. 저 앞날에 대비하여, 우리는 열심히 벌거나 'N포'를 선언한다.

열정 쪽이든 체념 쪽이든, 자신의 현재 처지를 결여로 규정한다는 점은 동일해 보인다. 미래라는 그 살벌한 이름. 나름 자부했던 나의 충분함이 갑자기 뭘 모르는 어린애의 치기로 보이기 시작한 것도 그 이름 앞에서가 아니었던가! 하지만 흥분을 가라앉히고 한번 따져 보자. 이 미래라는 그림을 채우고 있는 것들은 무엇일까? 그것들은 누가 그려 넣었고 어떤 근거 위에 놓여 있는가?

가령 나는 '집이 필요하다'는 생각에 덜컥 겁을 집어먹었지만, 그 막연한 '필요'를 뜯어보면 구체적으로 질문된 부분은 거의 없었다. 언제 필요한가? 어떤 종류의 집이어야 하는가? 어디에 있어야 하는가? 거기서 무엇을 할 것인가? 우선 당장살 것도 아니다. 최소 몇 년 뒤의 일일 것이고 그때는 동반자가 있을지 없을지 모른다. 이 고약한 서울 집값도 계속 이대로는 아닐 것이며 일본처럼 거품이 빠져 버릴 수도 있다. 또한자가가 아니어도 전월세나 공공주택이 있고, 내가 상상하지못하는 주거형태도 얼마든지 존재할 것이다. 그리고 서울 아닌 곳에도 집은 있다. 이렇게 하나하나 짚어 보면, 집 문제 앞에 벌벌 떨면서 닥치고 벌기만 해야 하는 것도 아니다. 그렇다면 우리가 대비하려는 '중대사'들은 어떨까? 집의 경우와 마찬가지로 전혀 질문되지 않은 채 온통 추상적 이미지들과 추측들로 싸여 있는 것은 아닐까? 마치 우리의 몸, 사고, 취향,

관계, 사회, 생태가 그때도 같을 거라는 듯, 어떤 것은 미뤄 짐 작하고 어떤 것은 대강 전제해 놓은 건 아닐까? 그 근거를 들 여다보면 잘해 봐야 빈약한 경험이거나 소문('카더라')일 텐데, 그런 막연한 미래를 위한다는 구실로 지금 이렇게 전전긍긍 할 필요가 있을까?

"미래의 일은 전적으로 우리 것도 아니고 우리 것이 아닌 것도 아니라는 점을 명심해야 한다."디오게네스 라에르티오스, 『유명한 철 학자들의 생애와 사상 2』, 389쪽 에피쿠로스학파에게 미래는 이중적인 것이다. 미래는 오겠지만, 우리 예상대로 오지 않는다. 기본적 으로 세계는 시뮬라크라의 파도들로 존재하며, 그 안에서 원 자들은 끊임없이 제 경로를 이탈하고 있기 때문이다. 따라서 미래를 예상하고 두려워하며 통제하고 싶어 하는 것은 사물 의 본성을 무시한 발상이다. 미래는 본질적으로 현재 우리의 영향력에서 벗어나 있다. 그런 점에서 우리 것이 아니다. 하지 만 그렇다고 해서 내일이 없는 것처럼 즐기라거나, 앞날을 방 치하라고 이야기하는 것이 아니다. 단, 도래할 미래를 준비하 면 얼마나 할 수 있으며, 그 방법으로 '더 많은 재산'이 적합하 냐고 묻고 있는 것이다. 루크레티우스의 대답은 '놉(Nope)!'이 다. 이유는 간단하다. 앞서 말했듯 재산 자체가 마음의 신열을 식혀 주지는 못하니까. 그리고 그것을 마련하고 유지하는 과 정 자체가 우리에게 현행적인 기쁨을 주지 못하니까.

쾌락주의의 탁월함은, 그 비전이 삶의 여정 전체를 지복으로 물들이는 일이라는 데에 있다. 중요한 것은 쾌락의 현행성이다. 이는 도래할 미래를 없는 셈 치고 현재만을 즐기라는 카르페디엠식의 향락주의와도 다르고, 미래의 행복을 위해 현재를 바치라는 자본주의식 투자 신앙과도 다르다. 현행적 쾌락은 지금 당장 무한히 증폭시킬 수 있는 말초적 자극도 아니고, 인고 끝에 도달한 목적지에서 돌려받을 보상도 아니다. 쾌락은, 살아가는 동안 우리 신체와 영혼의 리듬 전반이 그려내는 아름다움과 같다. 그렇기에 쾌락주의의 윤리는 도래할 미래를 무시하지 않으면서도 지금 여기서의 행복을 구현하는 실천이다. 그 구체적인 방법은 우리의 쾌락을 방해하는 것들에서 벗어나는 일이다. 그러므로 지금 우리 영혼을 동요시키는 공포와 분노와 탐욕이 어디서 오는지 알고, 그것들과 전면 대결하는 일만이 중요하다. 미래는, 이렇게 매 순간을 기쁨 쪽으로 한 발 인도하는 일련의 작업에 의해 준비될 수 있을 뿐이다. 그리고 그 작업에는 대단한 것이 필요하지 않다.

자족의 역량

그들은 보지 못하는 것 아닌가, / 본성은 자신을 위해 다른

것을 외쳐 구하지 않는다는 것을, / 육체에서 고통이 떨어
져 사라지는 것 외에는, 그 마음에 / 걱정과 두려움으로부
터 멀리 떨어져 즐거운 감각을 누리는 것 외에는! / 그러므
로 육체의 본성을 만족시키기 위해서는 아주 조금이 / 필요
할 뿐이라는 것을 우리는 본다, 고통을 제거하는 정도, / 그
리고 많은 기쁨을 펼쳐 줄 수 있는 정도의 것을. / 또한 본성
자체는 이따금이라도 그보다 더 은혜로운 것을 구하지 않는
다.(2: 16-23)

어라? 어쩐지 낯이 익다. '아주 조금이 필요할 뿐'이라는
말만 놓고 보면, 얼핏 '없어도 잘 산다'는 나의 신조와도 일치
하는 것 같다. 하지만 표면적으로만 엇비슷할 뿐이다. 여기에
는 미묘하지만 중대한 차이가 있다. 면밀히 해부해 보면, 내
충분함에는 미세한 불만족이 녹아 있다. 일단 '나는 뭐가 없
다'라는 전제가 출발점이고, 여기에 '그렇지만 멀쩡하다'라는
방어적 반응이 따라붙는 식이다. 어딘지 뻣뻣한 긍정, 차선을
택한 듯한 느낌. 그 아래쪽으로 일종의 원한감정이 흐르고 있
다. 이런 반응적인 만족이었기에 이리도 쉽게 흔들렸던 것이
다. 하지만 루크레티우스가 보여 주는 만족은 이와는 전혀 다
르다. 그것은 최선의 선택이지 어떤 바람을 단념한 상태가 아
니다. 그의 소박함은, 놀랍게도 누리고 싶은 것을 다 누리는

삶의 결과다. 어떻게 그럴 수 있을까?

사실 이것은 보다 근원적인 질문이기도 하다. 왜 아주 많은 철학자와 스승들은 검소하게 살았는가? 부처님, 장자, 스피노자, 니체, 일리치 등 지고한 기쁨의 길을 보여 준 자들은 왜 하나같이 소유와 축적과는 거리가 먼 삶을 살았을까? 기쁨과 소박함은 어떤 관계에 있는 걸까? 가진 게 별로 없는데, 어떻게 그토록 충만할 수 있을까? 대체 어떻게 절제가 쾌락과 병존할 수 있다는 말인가?

이 질문들에 대해서는 쾌락의 전문가 에피쿠로스에게 물어야 한다. "디오클레스는 『개요』 3권에서 그들이 매우 검소한 생활을 했다고 말한다. (······) 에피쿠로스 자신도 편지들 속에서 물과 간소한 빵이면 족하다고 말한다. 그리고 '나에게 치즈가 든 작은 단지를 보내주게. 내가 원할 때 진수성찬을 들 수 있게'라고 그는 말한다. 쾌락이 인생의 목적이라는 주장을 편 사람은 실은 이런 사람이었다."^{디오게네스 라에르티오스, 『유명한 철학}자들의 생애와 사상 2』, 323쪽 에피쿠로스는 쾌락을 질적으로 구분하지 않았다. 모든 쾌락은 우선 그 자체로 선이다. 하지만 많은 경우 쾌락을 제공했던 그 수단이 그보다 더 많은 괴로움을 가져오기도 한다. "그러니 모든 쾌락은 우리에게 친숙한 본성을 갖고 있는 탓에 좋은 것이지만, 그렇다고 모든 쾌락이 선택할 만한 것은 아닌 것이다."^{디오게네스 라에르티오스, 앞의 책, 390쪽} 또한 육체적 수준에서의 쾌락은 추위나 굶주림 등의 필수적인 욕구만 채워지면 더 이상 증가하지 않고 단지 형태만 바뀔 뿐이다. 쾌락의 본질이 이러하기에 우리가 일반적으로 생각하는 일들로는 쾌락을 향유할 수 없다. 맛있는 음식을 많이 먹거나, 섹스를 더 자주 하거나, 지위가 상승하거나, 재산을 쌓는 등 우리가 열심히 추구하는 즐거움들은 형태만 달라진 것이거나 곧 더 큰 괴로움으로 상쇄될 휘발성 쾌락이다. 행복하기 위해서는, 단순히 좇을 것이 아니라 일단 그것의 발생과 소멸 전반의 생리를 배워야 한다. 그리하여 쾌락주의의 실천은 하나다. 사려 깊은 '숙고'(phronesis), 즉 우리의 욕망을 주의 깊게 관찰하여 적합한 행위를 선별하고 계산하라는 것.

많은 재산의 소유와 관련해 '쾌락 계산'을 시도해 보면, 몇 가지가 걸린다. 우선 노예가 되지 않고서는 얻기가 쉽지 않다는 것. "자유로운 삶은 큰 부를 얻을 수 없다. 대중이나 권력자들에게 예속된 삶을 살지 않고 큰 부를 얻기는 쉽지 않기 때문이다."에피쿠로스, 『에피쿠로스 쾌락』 147쪽 무척 동감이 간다. 큰돈을 만지려면 잘 팔리는 상품을 만들거나 스스로 그런 상품이 되어야 한다. 즉 자본의 노예가 되어야 한다. 주식이나 코인 투자는 해당 사항이 없다고 생각할 수 있지만, 실시간으로 오르내리는 그래프에 일희일비하며 마음을 졸이고 있는 모습을 떠올려 보자. 노예도 그런 노예가 없다. 만일 어찌어찌 재산을 얻었다 해도 좀처럼 만족에 이르기가 어렵다. 한편으로 풍요 속에서는 우리에게 정말 얼마만큼이 필요한지 실험할 기회가 적기 때문이고, 다른 한편으로 '많음' 옆에는 언제나 '더 많음'이 존재하기에 새로운 비교가 이어지기 때문이다. 사실 이런 기이한 불만족은 우리 시대의 특징이기도 하다. 밥을 굶거나 거리에 나앉을 일이 없는데도, 심지어 다이어트와 성인병이 유행인데도, 모두가 위를 올려다보며 더 많이 갖지 못해 분해하는 불행한 풍경. 나 역시 그 한 구석에 있다. 이에 에피쿠로스는 이렇게 말했다. "충분한 것을 적다고 하는 사람에게는 어떤 것도 충분하지 않다."에피쿠로스, 앞의 책, 148쪽

한 가지 주의할 점은, 이런 분석으로부터 '없는 것이 더 선하다'는 식의 이분법에 빠지지 않는 일이다. 그것은 본말전도다. 사실 에피쿠로스는 금욕적 삶을 강요하지도, 사치스러운 삶을 저주하지도 않았다. 오히려 과도한 고행이나 지나친 소식小食을 비판했다. 목적을 망치는 부적절한 수단이기 때문이다. 관건은 부처님의 말씀대로 '자기 배에 알맞은 분량을 아는 것'이다. 즉 우리 자신을 가장 맑고 단단한 기쁨에 머물 수 있게 하는 섭생과 사유를 신중하게 분별하고 선택하기를 촉구하는 것. 에피쿠로스가 한 일은 그뿐이다. 목적은 언제나 우리 자신 안에서의 만족이기 때문이다. "우리는 자족을 큰 선이라고 생각한다. 이는 언제나 적은 것만 누리려는 게 아니라,

많은 것을 가지지 못했더라도 적은 것으로 만족을 얻기 위함이다."에피쿠로스, 『에피쿠로스 쾌락』 113쪽

단순하고 사치스럽지 않은 식사에 익숙해지는 것은 건강을 충분히 제공해 줄 수 있고, 사람으로 하여금 삶의 필수 요건들에 주저 없이 대응할 수 있게 해주며, 우리가 오랜만에 사치스러운 성찬에 접했을 때 우리를 더 나은 상태에서 그것을 즐기게 하고, 운명에 대해서도 두려워하지 않는 자로 만들어 준다.디오게네스 라에르티오스, 『유명한 철학자들의 생애와 사상 2』 391쪽

자족은 정말로 축복이라는 생각이 든다. 이것은 우리에게 드물고 귀한 역량이다. 이런 역량은 풍요 속에서는 일궈지기 어렵지만 그렇다고 꼭 빈곤 속에서 형성되는 것도 아니다. 자족은 적응이나 순응이 아니다. 단순히 상황을 수용하는 것이 아니라, 많든 적든 부족함도 과함도 없는 수준에서 '즐길 수 있음'이 포인트다. 꼭 부족해야만 하는 것도 아니다. 소박한 것으로도 자신의 행복을 영위하는 데 걸리는 것이 없음. 그럴 수 있는 한 그는 어떤 미래도 어떤 변화도 두려움 없이 맞설 준비가 되어 있다. 이보다 더 자유롭고 강한 인간이 있을까? 이제야 왜 가장 행복한 자들이 사치와 소유에 거리를 두지 않을 수 없었는지가 이해된다. 그러지 않고서는 세상에서

자신에게 다가오는 것들을 생생하게 맞이할 수 없었기 때문이고, 무엇보다도 절제와 간소함이 그들 자신의 행복의 조건이자 결과였기 때문이었을 것이다. "자족의 가장 큰 열매는 자유다."에피쿠로스, 『에피쿠로스 쾌락』, 149쪽

검소의 풍요, 빈손의 복전(福田)

> 누구든지 참된 이치에 따라 삶을 방향 잡고자 한다면, / 평온한 마음으로 검소하게 사는 것이 인간의 / 큰 부이다. 그에게는 조금의 부족함도 없기 때문이다.(5: 1117-1120)

읽을수록 곱씹게 되는 구절이다. 루크레티우스는 별 생각 없이 적었을지도 모르지만, 문장 구석구석이 점점 의미심장하게 다가왔다. '참된 이치에 따라 삶을 방향 잡는다'는 것은 뭘까? 어떻게 '평온함+검소함'이 큰 부일 수 있을까? 조금의 부족함도 없다는 건 참된 이치대로 방향을 잡은 사람 얘기일까, 아니면 보통 사람도 포함되는 걸까? 더 나아가, '인간의 큰 부'나 '조금의 부족함 없음'은 뭘 말하는 걸까?

돈이라는 문제에 대해 난생처음으로 질문하기 시작하면서 알게 된 것은, 내가 한 번도 나 자신의 부유함에 대해서는

생각해 본 적이 없다는 점이었다. 충분하다고 느끼긴 했어도, 그보다 앞서 늘 뭘 못 갖췄다는 생각이 깔려 있었던 것 같다. 그렇기에 작은 계기 앞에서도 나의 '없음'이 신경 쓰였다. 무엇이 부족한가에만 조명이 비춰지니 평온할 수가 없었다. 더구나 넘어야 할 장벽이 무척 높다는 생각이 이르자 마음이 출렁출렁했다. 원망도 해보고 자책도 해보고, 공부하는 삶을 의문에 붙여 보기도 했다. 중심도 비전도 없이 표상들과 자의식에 휩쓸렸던 거다. 잘 됐다. 내 심지와 그릇의 크기가 아주 잘 드러났으니까. 엎어진 바로 이 자리에서 나는 루크레티우스가 남긴 저 질문들에 대한 대답을 차근차근 만들어 가야 할 듯하다. 내 삶의 방향은 무엇일지, 나의 부유함은 무엇인지, 어째서 모든 삶은 그 자체로 충만한지.

루크레티우스는 말한다. "그대는 항상, 없는 것을 그리워하고 있는 것들은 무시하니, / 삶은 그대에게 완전치 못한 것으로 즐기지 못한 것으로 지나가고"(3:957-958) 있다고. 왜 지금까지 나는 내게 무엇이 있는지가 아니라 없는지에 대해서만 주목해 왔을까? 그게 무슨 도움이 된다고. 게다가 그 '없는 것'이 정말로 현재의 내 기쁨을 막고 있는가? 아니다. 시야를 넓혀서 가려졌던 측면을 본다면, 그 '없음'이 도리어 더 다양하고 풍성한 관계를 가져오고 있음을 발견할 수 있다. 태어나고 자란 교회 공동체에서부터 이곳 규문에 이르기까지, 얼마나 많은 손길들의 도움을 받아 왔고, 얼마나 풍요롭고 사람들로 북적이는 식탁에 앉아 왔던가. 이것은 결코 많은 재산이 가져다줄 수 없는 종류의 경험이다. 내가 이토록 다양한 사람들과 만나고 어울릴 수 있었던 데에는 나의 '없음'이 정말 중요했다는 걸, 이제 조금 알겠다. 그렇다면, 이게 정말 적은 건가? 결코 계산될 수 없는 방식으로 서로 돕고 돌보는 인연과 연결을 불러오는 부족함이 정말 부족함인가?

부처님은 수행승들의 빈손과 빈 발우가 얼마나 풍요로운 복전福田이 되는지에 대해 말씀하셨다. 그 '없음'의 자리에는 그들의 성취를 존경하고 그 길을 따르고자 하는 바라문들과 장자들에게서 온 탁발음식, 처소, 의복, 필수약품 등이 채워진다. 수행승들은 그 커다란 도움 속에서 가르침의 보시를 나누고, 재가자들은 그 가르침에서 커다란 도움을 받으며 필수품의 보시를 나눈다. 서로의 '없음'은 서로의 '커다란 도움'을 낳으며, 각자가 처한 위험을 제거하고 기쁨의 역량을 증대시킨다. 여기서 발생하는 즐거움은 전적으로 현행적이다. 기쁨은 미래에 약속되어 있지 않고, 서로가 줄 수 있는 것을 주고, 받을 수 있는 것을 받으며 감사하는 과정 전체에 스며 있다. 서로에게 기대는 동시에 돌보고, 의지하는 동시에 의지처가 되는 이 상호의존적 보시의 관계를 부처님은 이렇게 노래하셨다.

집있는 님과 집없는 님, 양자가 서로 의지하여 멍에로부터의 위없는 안온, 참다운 진리를 성취한다. 집있는 님으로부터 집없는 님들은 위난을 제거하는 의복, 필수품 처소를 받는다. 집있는 님, 재가자들은 행복하신 님에게 의지하여 거룩한 님을 믿고 고귀한 지혜로써 선정에 든다.「이띠붓따까-여시어

경」,「커다란 도움의 경」, 전재성 옮김, 한국빠알리성전협회, 2012, 467쪽

문자 그대로 나는 '집없는 님'이지만, 지금 내게는 수행승들처럼 '집있는 님'들이 의지할 수 있는 가르침을 보시할 역량은 없다. 그럼에도 불구하고 내 주변에는 언제나 커다란 도움이 있어 왔음이 보인다. 내 빈손과 빈 발우는 부족함이 없이 채워져 왔음이 보인다. 무상의 보시였다. 모자람 없이 받아 왔다. 이 사실은 내 안에 낯선 꿈틀거림을 일으킨다. 아, 나도 주고 싶다. '커다란 도움'까지는 못 되더라도, 이 고마운 손길들 안에서 배우고 익히면서 길어 낸 작은 지혜와 웃음을 나눌 수 있는 사람이고 싶다. 그런 마음으로 공부하고 싶다. 내가 놓인 이 넓지 않은 자리를 복전으로 가꾸기. 이 복된 관계들이 이제 내가 얻고 싶은 큰 부다.

11화 우정, 마주침을 맞이하는 윤리

친구…라구요?

언어에 실체가 없다는 게 이런 걸까? 규문에서 생활하면서 나는 몇 가지 단어의 의미를 이곳의 맥락에 맞게 고쳐 받아들여야 했다. 대표적인 것은 '공부'였다. 여기서의 공부는 시험이나 성적과 무관했고, 지식 습득보다는 자기 생각과 감수성을 변화시키기 위한 읽고 쓰기의 수련에 가까웠다. 그 외에도 '에세이'나 '세미나' 등 내 상식과는 다르게 쓰이는 말이 몇 개 더 있었고, 시간이 갈수록 새 용법이 자연스럽게 입에 붙었다. 그런데 좀처럼 그런 전환이 안 되는 단어가 있었는데, 바로 '친구'다.

　　친구라는 말이 혼란스러워지기 시작한 것은 '소생 프로

젝트[*]에서 떠난 여행 도중이었다. 어느 날 저녁, 숙소에서 회의 중에 채운 선생님께서 '민호 너도 이제 우리 친구니까' 뭔가를 말하라고 했다. 내용은 잊어먹었지만 친구라는 말이 유난히 어색하게 들렸던 기억이 난다. 옆을 둘러보니, 서너 살 위인 형님 둘, 이모뻘 그리고 어머니뻘 되는 '선생님'들이 앉아 계셨다. 낯설었다. 내게 친구라면 우선 동갑내기거나 최대 한두 살 터울의 또래여야 했다. 적어도 초등학교 영어 교과서에 나왔던 외계인 '지토'를 알아야 했다. 무엇보다 낄낄거리면서 농담도 하고 코드도 잘 맞아야 할 텐데, 두 형님들에게조차 마음을 터놓게 되지는 않았다. 취향도 경험도 노는 법도 안 맞았다. 세대도 다르고 감성도 다른 이런 사람들을 두고 친구라고 칭하니, 말이 좀 튀었다. 그럼 기존의 내 친구들은 뭐라 하나? 언제 만나도 어색함 1도 없고, 보자마자 엉덩이를 때리며 '아무말 대잔치'를 시작하는 십년지기 '불알친구들'이 내겐 친구라는 말에 어울리는 이들이었다. 그래서 규문에서 친구라는 말이 사용될 때마다 의아했다. 연구실의 '동료'라고 하거나

---

[*] '소생 프로젝트'는 2018~2019년에 규문에서 진행되었던 '소요(逍遙)&양생(養生) 프로젝트'다. 동서양의 찬란한 제국들의 역사, 문학, 철학, 예술을 6개월간 '찐'하게 공부하고 1개월간 '찐'하게 여행하는 체험-공부 프로그램으로 계획되었다. 2018년에는 페르시아 제국과 이슬람교를 공부하고, 겨울 한 달 동안 이란과 터키를 여행했다. 당시 어벙한 복학생이었던 나는 이 여행 기간에 본격적으로 '영입'당했다. 참고로, 러시아 여행을 목표로 진행된 2차 소생 프로젝트는 코로나19로 중단되었다.

혹은 밥을 같이 먹는다는 의미 그대로 '식구'라고는 할 수는 있겠다. 하지만 연장자도 많고 친밀감으로 뭉친 사이도 아닌데, 친구는 좀 그렇지 않나?

그런데 새삼 의문이 든다. '친구'란 뭘까? 정의를 내려 본 적도 없고 내릴 필요도 없었지만, 만약 지금까지처럼 '경험을 공유하고 있으며 언제든 편하게 어울려 노는 또래'라는 식으로 여긴다면, 이제 나는 친구가 없다. 졸업 후 점차 멀어져서 잘해야 1년에 겨우 한두 번 만날 따름이다. 혹 오랜만에 모여 사는 얘기를 나눠도, 옛 추억에 새 소식 하나를 더할 뿐 서로의 삶에는 개입하지 않고 담백하게 흩어진다.

친구였던 이들이 모두 '옛 친구'가 되어 가고 있는 요즘, 이 말에 대한 연구실의 낯선 용법을 생각해 보게 된다. 여기서 '친구'는 나이와 성향을 가로지를 뿐 아니라, 가진 것도 아는 것도 천차만별인 사람들을 연결 짓는 말이다. 어떻게 그럴 수 있을까? 다른 곳에서는 상사와 부하직원이거나, 선생과 학생이거나, 손님과 직원으로 만났을 법한 사람들이 서로 동등한 친구로 맺어지는 일은 어떻게 가능할까? 답은 함께 공부한다는 사실에 있다. 위에서 말한 의미에서의 그 공부 말이다. 배움을 같이하겠다는 그 인연의 힘이 공동체를 만들고 음식을 나누며 친구라는 말의 폭을 확장시키는 것이다. 그럼에도 의문은 남는다. 공부를 하는데 왜 친구들이 필요한가? 그것도, 세대나 출신이나 경험이 달라서 거리감을 주는 껄끄러운 존재들이 왜 있어야 하나? 독학을 하거나 아카데미처럼 자격이 검증된 사람들만 모이면 훨씬 덜 번거롭고 효과적이지 않은가? 이것은 공부란 무엇인가 하는 질문과도 직결된다. 이에 답하기 위해서, 고대로 거슬러 올라가 보자. 거기서 친구란 어떤 존재인지를 다시 생각해 보자.

고대에도 친구에 대한 낯선 용법으로 사람들을 놀라게 한 자가 있었다. 바로 루크레티우스의 스승이자 유서 깊은 정원 공동체의 대표 에피쿠로스다. 그의 정원에는 노인, 청년, 여성, 귀족, 노예, 심지어 매춘부까지도 들어와 철학을 배웠다. 게다가 사회적으로도 경제적으로도 신체적으로도 무척 거리가 먼 그들은 서로에게 모두 친구였다! 어떻게?

행복의 뿌리로서의 우정

'너의 삶을 숨겨라'라는 가르침을 아주 잘 실천했던 루크레티우스와는 달리, 정작 그렇게 가르쳤던 스승 에피쿠로스는 상당한 '인싸'였다. "그의 친구들은 나라들 전체로는 셀 수 없을 정도로 그 수가 많았으며, 그의 모든 제자들은 그의 학설의 세이렌적 매력에 단단히 붙들려 있었다."디오게네스 라에르티오스, 『유명한 철학자들의 생애와 사상 2』 321쪽 쇠락해 가는 아테네 한쪽에 정원 공동체를 꾸렸던 에피쿠로스는 비록 정치적인 활동은 일체 하지 않았지만 평생 친구들과 함께 살다가 친구들 속에서 죽었다. 중요한 건 친구들이 많다는 것만이 아니라 그 스펙트럼이 넓다는 점이다. 이 세계의 참된 이치에 대해 함께 대화를 나눌수 있다면 계급도 출신도 나이도 성별도 문제 되지 않았다. 영혼을 돌보고 치유하는 일 앞에서 어떤 위계가 있으리? 귀족이든 노예든 창녀든 철학함에 있어 모두 평등했다. 그렇기에 루머와 스캔들이 끊이지 않았지만, 그것은 비방자들의 몫이었다. 에피쿠로스에게 중요한 것은 오직 자기 자신을 되는대로 내버려 두지 않으려는 자들과 더불어 기쁨의 길을 모색하는 일이었다. '어떻게 행복한 삶을 살 것인가?' 고대철학 전반에 주어진 이 윤리적 과제를 두고 수많은 정신적·신체적 기술들이 고안되어 왔지만, 에피쿠로스의 제안은 간명했다. 우선, 친구를 만들어라!

"전 생애에 걸친 지복을 위해 지혜가 요구하는 것들 가운데서 가장 중요한 것은 우애의 획득이다." 디오게네스 라에르티오스, 앞의 책, 400쪽 행복해지고자 하는 자가 할 수 있는 가장 지혜롭고 현명한 일은 다른 무엇이 아니다. 그저 튼튼한 우정의 관계를 형성하기다. 사실 이것은 우리에게 좀 낯설다. 재산과 스펙이 전부는 아니라고 생각하더라도, 행복을 위해 우정을 최우선으로 설정하지는 않기 때문이다. 그건 부수적인 요소일 뿐이다. 친구 관계가 소홀해질지라도 우리는 학업이나 직장을 위해 터전을 옮긴다. 왜냐, 그것들이 행복의 기준이니까. 경제적인 기반, 공인된 자격들, 병 없고 사지 멀쩡한 몸 등의 여건이 먼저 세팅되어 있어야 행복한 삶도 찾아온다고 믿는 것이 우리다. 이런 경향은 고대에도 마찬가지여서, 많은 청년들이 우선 출세만을 위해 힘썼고 친구를 사귀는 일은 부차적인 일로 미뤄 두었다. 하지만 에피쿠로스가 보기에 우정에 앞서는 것은 없었다. 재산도, 지위도, 건강도, 심지어는 철학함 자체도 마찬가지다. 그것들은 열매이지 뿌리가 아니다. 이 조건들 모두는 우정의 힘에 의해 충족될 수 있고, 사실상 그 관계망 안에서 고려될 때라야 가장 적절한 수준으로 추구될 수 있다.

우리는 우리에게 무엇이 얼마나 필요한지 모른다. 경험상 알고 있다고 해도, 그건 모든 것을 혼자 감당한다는 가정 위에 세웠던 계산이다. 에피쿠로스는 "어떤 사람들은 살아가는 데 필요한 것을 준비하느라 일생을 바친다"에피쿠로스, 『에피쿠로스 쾌락』 142쪽고 안타까워한다. 주거, 배움, 유흥, 건강, 돌봄 등 모든 문제를 각자가 홀로 짊어져야 한다는 전제가 있는 한, 우리는 평생을 벌어도 계속 모자란다. 늘 필요한 것이 가득한 불만족의 상태, 즉 행복과는 거리가 먼 자리에 놓일 뿐이다. 하지만 서로 다른 높낮이를 가진 존재들이 연결된다면, 우선적으로 각자의 물질적·비물질적 능력을 나눌 수 있다. 노인과 아이는 각자의 방식으로 서로를 돌볼 수 있고, 지혜와 재화와 재능이 순환될 수 있다. 친구의 존재가 요청되는 일차적인 지점은 여기다. "우정은 유익성으로부터 시작된다."에피쿠로스, 『쾌락』, 「바티칸 소장 문헌 23」 27쪽 우정은 혼자일 때 겪어야 하는 곤경들로부터 우리를 보호해 준다.

그뿐만이 아니다. 이 귀중한 상호부조의 체험은 우리에게 실질적인 도움 이상의 것을 주는데, 그건 바로 자신이 세상에 혼자 맞서고 있지 않다는 감각이다. "친구들의 도움이 우리를 돕는 것이 아니라, '친구들이 도와줄 것이다'라는 믿음이 우리를 돕는다."에피쿠로스, 『쾌락』, 「바티칸 소장 문헌 34」 29쪽 이 감각으로부터 우리는 마음 밑바닥을 채운 막막함과 불안에서 한발 벗어날 수 있다. 그리고 그럴 때 비로소 우리의 '더더더'를 향해 가는 갈망에 제동을 걸 수 있다. 지금 우리에게 있어 어느 정도가 충분함인지, 얼마만큼이 우리 본성에 걸맞는 기쁨을 주는지를 '함께한다'는 경험 위에서 숙고할 수 있기 때문이다. 그 자족감과 충만감을 루크레티우스는 이렇게 노래한다.

그러므로 육체의 본성을 만족시키기 위해서는 아주 조금이 / 필요할 뿐이라는 것을 우리는 본다, / (……) 집이 은으로 빛나고 금으로 반짝이지 않는다 해도, / 금박 입힌 들보들이

키타라 소리를 되울리지 않는다 해도, / 그렇더라도 흐르는 물 가까이 부드러운 잔디밭 / 높직한 나뭇가지 아래 친구끼리 드러누워 / 큰 비용 없이도 즐거이 몸을 돌볼 터이니.(2: 20-32)

다시, 친구란 무엇일까? 먼저 친구는 직접적인 도움을 주는 존재로 이해되지만, 그들과 이룬 관계는 가시적인 원조행위를 넘어서 보다 강렬한 역량으로 작동한다. 친구들이 그들의 자리에서 기운차게 살아가고 있음을 의식하는 데서 오는 활력이 있다. 뒤에서 들려오는 함성 소리와도 같이, 그 힘과 더불어 우리는 용기를 얻고 스스로를 왜소하게 느끼기를 그친다. 모든 걸 혼자 감당할 수도 그럴 필요도 없음을 실감하게 된다. 우정 안에서 우리는 강해진다. 이런 효과를 일으키는 존재로 친구를 이해한다면 어떨까? 그때는 스승도, 아이도, 심지어는 죽은 자도 친구가 될 수 있다. 나 자신을 전보다 더 복합적인 존재로, 다시 말해 더 강하고 명랑한 존재로 느끼게 할 수 있다면 말이다.

따라서 우정의 중요성을 모르고 거기에 정성을 기울이지 않는 사람은 행복해지고자 하는 자가 아니거나 행복해지길 바라더라도 지혜롭지 못한 길을 가고 있는 자라고 에피쿠로스는 단언한다. 그런데 여기서 문득 궁금증이 든다. 에피쿠로스는 자신의 모든 지혜를 자연에 입각해서 추론해 냈으며, "가장 중요한 것들에 관한 원인을 정확히 아는 것이 자연학의 일"디오게네스 라에르티오스, 『유명한 철학자들의 생애와 사상 2』, 365쪽이라고 했다. 그렇다면 우정에도 자연학적 통찰이 깃들어 있을까?

우정, 불멸하는 '사이'의 사건

> 고결한 사람은 무엇보다도 현명함과 우정에 신경을 쓴다.
> 이들 중 전자는 사멸하는 선이고 후자는 불멸하는 선이다.에피쿠로스, 『쾌락』, 「바티칸 소장 문헌 78」, 35쪽

현명함은 사멸하고 우정은 불사한다니, 이게 무슨 말일까? 현명함이야 시대와 집단 속에서 변하기에 사라진다고 할 수 있을 것이다. 하지만 그건 우정도 마찬가지 아닌가? 영원한 우정 같은 게 있다는 걸까?

우정이 현명함을 비롯한 덕목들, 이를테면 『국가』에서 플라톤이 제안했던 용기, 절제, 지혜, 정의 등의 미덕들과 다른 점은, 그것이 누군가에게 소유될 수 없다는 데 있다. 누구도 우정을 홀로 지니고 있을 수는 없다. 너의 지혜, 그의 아름다움, 그녀의 용기라는 말은 가능하다. 하지만 우정은 이런 단수

소유격에 담기지 않는다. 우정은 언제나 '우리의' 혹은 '그들의' 우정일 수밖에 없다. 우정은 '사이'에서 이뤄지는 사건이다. 그리고 사이는 어디에나 있다. 이전에도 있어 왔고 이후에도 계속 있을 것이다. 이것이 우정의 불멸성을 푸는 핵심이다.

우리는 보통 '사이'라는 영역을, 개별적인 것이 다른 개별적인 것과 만날 때 생긴다고 생각하지만 조금만 유심히 보면 정확히 반대다. 개별적인 것의 그 개별성 자체는 원래 그렇게 규정되어 있는 게 아니라 매번의 만남마다 새로 만들어지고 있다. 'A'는 'pple' 앞에 붙느냐, 'nimal' 앞에 붙느냐에 따라 전혀 다른 것이 된다. 세미나에서의 나는 축구할 때의 나나 여자친구와 있을 때의 나와 다르듯이, 'A와 B'에서의 A는 'A와 C'에서의 A일 수 없다. A는 무엇'과' 놓이느냐에 따라 다른 것이 되고, 동시에 그 '무엇' 역시도 다른 뭔가가 된다. 그러니까 'A'는 없다. B도 없고 C도 없다. 매 순간 도처에서 도처로 가지를 뻗어 가는 '와(과)'만이, 즉 '그리고'만이 존재한다. 다시 말하면 '사이'만이 지속된다. 개별적인 것은 바로 이 영원한 '사이'를 통과하고 있는, 일렁이는 시뮬라크라로서만 잠시 그것일 수 있을 뿐이다.

이제 그대는 알겠는가? / (……) 어떤 것들과 어떠한 놓임새로 연결되어 있으며, 서로 간에 어떤 운동을 / 주고받는지가 지극히 중요하다는 것을, / 그리고 같은 것들이 서로 간에 조금만 변화해도 불도 나무도 / 만들어 낼 수 있다는 것을?(1: 907-912)

세상 모든 것은 다른 것들과의 얽히고설킴 속에서 만들어진다. 그렇게 얽히고설켜, 이전의 낱낱의 항으로 환원되지 않는 무언가가 되는 사건을 자연학적 차원에서 '마주침'이라고 한다. 마주침은 난순한 항 들고 소페디어서는 안 되다 루크레티우스의 클리나멘 개념을 환기해 보자. 모든 원자는 타격과 무게에 의해 운동하지만, 그 운동을 타동적 기계 작용으로 환원할 수 없게 만드는 것은 원자 자체에 내재해 있는 미세한 비껴남이다. "정해지지 않은 곳에서, 정해지지 않은 순간에"(2: 293) 일어나는 미세한 벡터 변경은 원자 자신의 운동 경로에 균열을 일으킨다. 이로부터 원자는 이전과는 다른 양식의 충돌, 타격, 속도, 놓임새를 형성하고, 예정되지 않았던 원자들과 만나 새로운 복합체를 형성한다. 이 우발적 국면 전환이 마주침이다. 늘 만나던 것들이 아니라 미지의 것들을 만나는 사건이자, 동시에 스스로 미지의 것이 되어 버리는 사건. 우주의 기원에서부터 이어져 온 비껴남과 마주침이 지금도 끊임없이 일어나고 있다. 현대물리학이 말하듯, 균질성에 스며 있는 '약간의 편차'들이 은하도, 별들도, 인간도 태어나게 했다. 그렇게 만들어진 것들의 '사이' 속에서 마주침들은 계속되고 있다. 또 다른 것들을 빚어내기 위해서! "사물들의 총체는 항상 / 새로워지고, 필멸의 존재들은 서로 차례 바꿔 산다."(2: 75-76) 마주침이라는 무규정적 사건의 영원성. 이것이 원자들의 자연학이 말해 주는 이치다.

하지만 진짜 문제는 여기서 시작된다. 마주침은 존재를 존재하게 하는 자연적 사건이지만, 그 예측불가능성과 변화무쌍함은 많은 경우 우리에게 부정적으로 받아들여진다. 우리는 원하는 것만을 만나고 싶어 한다. 사람도 사물도 사건도, 알지 못하는 것은 일단 두렵고 싫다. 우리가 그토록 위험을 기피하고 안정을 갈구하는 것도 이 때문이다. 편안하고 익숙한 습관, 오랜 친구들, 안락한 가족, 혹은 혼자 사는 생활에 머무는 것이 좋다. 하지만 상황이, 삶이, 우주가 가만히 내버려 두지 않는다. 도처에서 낯선 변수들이 밀고 들어온다. 사고가 터지고, 누군가 찾아오며, 어딘가 아프다. 심지어 생태와 기후가 엉망이다. 우린 이 변수들에 괴로워하고 최대한 제거하려 애쓰지만, 역설적인 점은 그것들이 외부에서뿐만이 아니라 마음 안에서도 일어난다는 사실이다. 클리나멘이 말해 주는 것은 무엇인가? 모든 것은 원자 차원에서부터 미지의 것을 만나기를 갈구하는 의지를 내재하고 있다는 것. 아무리 가던 길을 편안히 계속 가고 싶어 하는 것이 우리의 본성처럼 보여도 그게 전부는 아니다. 아주 작더라도 순간순간 옆으로 새고 싶어 하는 것 또한 본능이다. 베누스가 우주를 관통하며 흐르는 한, 우리는 의식 이전에 이미 마주침을 욕망하고 있다.

이것이 자연이라면 우리는 어떻게 응해야 할 것인가? 물론 그럴수록 꼭꼭 부여잡을 수도 있다. 즉 우리의 안팎을 두드리는 크고 작은 이탈의 계기들을 있는 힘껏 제거하고 아늑한 자리에 머물기 위해 안간힘을 쓸 수도 있다. 사실 우리는 대개 청춘 다 바쳐 그렇게 하고 있고 그렇게 하두록 배운다. 하지만 반대로 생각해 볼 수도 있다. 그 비껴남과 마주침이 사물의 본성에서 비롯된 우주적인 사건이라면, 오히려 나를 변환하는 계기로 삼을 수 있지 않을까? 익숙한 경로를 떠날 기회로, 그래서 내가 경험한 적 없던 나를 체험하는 기회로 말이다. 보존 본능을 가진 유기체인 이상 낯선 것은 원래 두렵고 버겁다. 그러나 본디 그 생명을 만들고 살려 온 것은 외부이고 타자다. 내가 아닌 다른 것과의 접속 없이는 보존도 없다. 이 사실을 거듭거듭 기억하는 일은 떠남과 만남을 마주할 용기를 준다.

자연에 대한 이런 통찰로부터 따라 나오는 질문은, 마주침이라는 우발적 사건을 어떻게 능동적으로 전환할 것인가, 어떻게 마주치는 타자와의 얽힘의 체험을 자신의 역량으로 삼을 것인가이다. 우정의 윤리는 여기서 기인한다. 여기에는 나와 결코 포개어지지 않는, 그래서 나를 예상치 못한 자리에 데려다 놓을지도 모르는 상대와 얼굴을 맞대겠다는 결단이 있다. 그런 점에서 우정은 우선 실험이고 일탈이다. 어떻게 지금까지 해오던 것과는 다른 방식으로 사물들과 사건들에 응답할 것인가 하는 물음이자 문제다. 우툴두툴하고 껄끄러울지도 모르는 타자들과 뭐라도 해보겠다는 도전이다. 그렇기에 우정은 '만나면 좋은 친구'와 사이좋게 잘 지내는 일일 수가 없다. 모든 충돌이 마주침인 것은 아니듯, 관계라고 해서 전부 우정인 것은 아니다. 늘 동일한 생각과 감정을 재생산하고 같은 행동 패턴을 반복하게 하는 규정적 관계는 우정일 수 없다. 학교나 군대, 회사나 가족 안에서의 관계가 우정이 아닌 이유다.

"우리는 우정을 위해서 모험을 해야 한다."에피쿠로스, 「쾌락」, 「바티칸 소장 문헌 28」, 28쪽 우정은 탈주 없이는, 마주침에 대한 긍정 없이는 성립될 수 없다. 우정은 무엇보다도 행복해지고자 하는 의지를 지닌 자들, 스스로를 약하게 만들어 왔던 오랜 습관과 표상에서 조금이라도 해방되고자 하는 자들의 것이다. 비록 그 시도들은 두터운 관성에 비하면 티가 나지 않을 정도로 작고 굼뜨겠지만, 그 여정에서 비슷한 긴장과 질문을 품고 있는, 그러나 출발한 자리는 가지각색인 사람들과 만나게 될 것이다. 그들은 성격도, 나이도, 출신도, 경험도 같지 않지만, 자기 삶을 자기 손으로 돌보겠다는 비전만은 공유하고 있다. 그 비전 아래서, 꺼내 본 적 없는 이야기를 꺼내고, 나눠 본 적 없는 방식으로 가진 걸 나누고, 해본 적 없는 생각을 시작하며, 되어 본 적 없는 자기 자신이 되어 갈 것이다.

에피쿠로스의 정원은 이와 같은 우정의 모험이 이뤄진 최고最古의 공동체였다. 여기에 모인 이들은 정원 밖에서는 신분, 젠더, 계급 등의 코드에 의해 촘촘히 분할되고 위계화되었을 사람들이었다. 노예, 귀족, 이방인, 여성이 함께 모여 대등하게 철학을 했던 형태는 고대뿐 아니라 근대에도 드물다. 어떻게 이런 수평적 관계가 가능했을까? 보통 배움의 관계는 아카데미아를 비롯한 여러 학교처럼 수직적 위계를 전제하는 것처럼 보인다. 만일 그 배움이 영혼의 치유 및 자기 배려라는 비전을 갖는다고 해도, 그와 동일한 문제의식을 갖고 있던 헬레니즘 시기 철학 학파들은 에피쿠로스학파만큼 혁신적이지는 못했다. 그렇다면 정원의 놀라운 실험성은 에피쿠로스의 철학, 즉 원자론의 가르침과 연관되어 있을 것이다. 사물들의 모든 가치와 특성은 모두 이웃한 원자들의 놓임새와 마주침으로 인해 끊임없이 달라진다. 즉 개체의 특질은 관계와 사이와 배치의 산물일 뿐 원래부터 존재하는 본질이 아니다. 그렇다면 신분도 출신도 성별 같은 사회적 코드 역시 다르지 않지 않을까? 원자론의 비전 아래 있는 한, 그들은 사회의 규정성들을 넘어서는 더 강도 높은 관계를 형성함으로써 철학하는 삶을 살아갈 수 있었던 것이다.

시대의 조건이 달라졌지만 루크레티우스에게도 우정에 대한 관점은 지속되었던 것 같다. 로마라는 제국에서 에피쿠로스처럼 탈사회적인 우정공동체가 꾸려지는 일은 가능하지 않았다. 또한 루크레티우스는 아마 특정 귀족 가문이 조직한 서클이나 그리스 교사에게 철학을 배웠을 것이다. 이는 언뜻 폐쇄적으로 보일 수 있다. 그러나 그는 그렇게 배운 앎을 라틴어로 번역했고 시로 적었다. 즉 철학을 특정한 계층적 울타리 밖으로 흘려보냈다. 모국어를 쓰는 이라면 모두가 알아들을 수 있도록. 『사물의 본성에 관하여』를 읽다 보면, 그 모든 구절들이 인간 사이의 어떠한 위계나 사회적 코드에도 갇히지 않는다는 느낌이 든다. 이 시의 공식적 청자는 가이우스 멤미우스이지만 그에 대한 이야기나 칭송은 전혀 등장하지 않는다. 아마도 멤미우스를 '친구여'라고 부르면서 루크레티우스가 말을 건네고 있는 사람은 특정 누군가가 아니라 자신의 영혼을 치유하고 돌보기를 원하는 모든 이들이 아니었을까? 그런 점에서 루크레티우스의 철학은 보다 넓은 '사이-존재'들을 향한 우정공동체적 실험이라고 할 수 있을 것이다.

'사우'(師友)들의 공동체

간혹 당황스러울 때가 있다. 내가 이런 말을 할 줄 아는 사람이었나? 이런 표정 이런 톤으로 이런 살가운 대사를 치고 있다니. 머리를 처박고 책을 보는 거야 경험이 있다 해도, 사람들 앞에서 아는 것 모르는 것 끌어다가 내 의견을 떠들어 대고, 같이 세미나를 하자고 홍보하고, 잘 알지 못하는 분들에게 식사하고 가시라고 날 건네는 나를 발견하면 좀 신기하기도 하다. 특히 온라인 세미나에서 한 분씩 성함을 부르고 먼저 안부를 묻는 일은 낯간지러워서 절대 하지 못할 것 같은 일이었다. 그걸 잘하는 친구들이 참 능청스럽다고 생각하기도 했지만 어느새 나도 그렇게 하고 있다. 그리고 돌아보면, 부끄러움을 이기고 그렇게 할 때 예기치 못한 미소나 감사 인사가 돌아오거나 재미난 농담이 시작되었다. 무엇보다도 기분이 좋아졌다.

연구실을 들락거린 지 4년이 지나서야, 그리고 에피쿠로스와 루크레티우스의 가르침을 헤집고 나서야, 그토록 낯설게 들렸던 '친구'라는 말의 의미를 어렴풋이 알 것 같다. 이전까지 내가 알고 있던 동창-친구는 추억을 공유하는 자들이었다. 몇 년 뒤에 봐도, 너는 내가 아는 너고 나는 네가 아는 나다. 익숙하다. 그렇기에 나를 다른 곳으로, 다른 모습의 나로 데려가지 않는다. 소중하지 않다는 게 아니다. 다만 편안하다는 것, 다른 말로 하면 어떤 촉발이나 화학작용이 없는 미끈한 관계라는 말이다.

반면 내가 지금 만나고 있는 이 선생님-친구들은 공유하고 있는 경험에서 출발하지 않았다. 매해, 매 세미나마다 새로운 분들이 오신다. 각기 다른 일상, 사유, 열정을 가지고서 모인 이 관계에서는 늘 긴장이 흐른다. 그 긴장이 기울고 참에 따라 와하하 웃음이 터지기도 하고 묵직한 충고가 꽂히기도 한다. 물론 이 관계는 편안하지 않다. 부담되고 껄끄러운 경우도 허다하다. 그럼에도 이 만남이 지탱되는 이유는 무엇일까? 배움이다. 밀어주고 당겨주는 이 관계가 우리로 하여금 세계를 이해하고 자신을 닦는 일을 멈추지 않도록 종용하기 때문이다. 같은 견해, 같은 표상, 같은 습관에 머물지 않도록 말이다. 말이든, 글이든, 표정이든, 아우라든, 친구란 그런 힘으로 작동하는 존재다. 바로 그럴 때, 친구와 스승의 경계는 희미해진다. 뭘 많이 알아서가 아니라 매번 배움이라는 마주침을 일으킨다는 점에서 말이다.

이렇게 보면 나는 온통 스승-친구들 사이에서 살아가고 있다. 동양철학에서는 이런 '사우'師友야말로 최고의 관계라고 했다고 한다. 복도 많다. 하지만 연중무휴 스승이자 친구로 가득한 공부공동체는, 아름다워 보일지 몰라도(그게 사실이라도)

매일매일이 다이내믹하다. 새로운 누군가가 들어와 분위기가 산뜻해지기도 하고, 누군가가 나가게 되어 축 처지기도 한다. 질투나 삐짐 등으로 관계가 삐걱거리기도 하고, 겹겹이 쌓인 할 일이 태산처럼 느껴져 벅찰 때도 많다. 공부하러 모이긴 했지만 서로 간에 날 선 코멘트, 불거진 자의식, 돌고 도는 뒷얘기가 늘 발생한다. 과제와 세미나에다가 사건사고까지 겹칠 때면, 나처럼 미숙한 사람은 골골 앓고 만다.

에피쿠로스 공가제노 이러했을까? 물론 그랬을 것이다. 내부자와 외부자들로부터 비방하는 기록과 찬미하는 기록이 마구 엇갈리고 있는 걸 보면 말이다. 사람 사는 곳인 이상, 더구나 가지각색의 사람들이 모인 곳인 이상 그곳도 사건들이 터지는 건 어쩔 수 없다. 부처님의 승가僧伽 공동체라고 안 그랬던가. 깨닫기 위해 모인 사람들 사이에도 언제나 마찰이 일어난다. 이는 당연하다. 깨달은 자들이 아니기에. 중요한 것은 그런 해프닝들을 없어져야 할 장애로 부정하지 않는 일이다. 그 역시 마주침이다. 부담과 부침을 겪지 않아도 이상할 것이며, 오히려 그 삐걱거림이야말로 서로 의지하고 의지 받으며 나아갈 귀중한 동력이다. 그런 마찰들이 또 얼마나 큰 웃음과 활력을 주는가. 고로, 공부를 한다면서 '문제없는' 우정을 기대하는 것은 환상이다. 다만 당장 내가 해볼 수 있는 건, 다른 일이 아니라 배움을 위해, 이 이상한 친구들 속에서, 외로울

새 없이 이십대를 보내고 있음이 꽤나 행운이라는 사실을 까먹지 않도록 종종 되짚어 보는 일이지 않겠는가?

에필로그 **겨울**

새로운 공부의 씨앗을 얻다

죽음을 마주하기, 삶을 긍정하기

이 책을 쓰는 동안 세 종류의 죽음이 내 곁을 스쳐 갔다.

하나. 친구가 죽었다. 자살이었다. 온통 젊은이들뿐이었던 장례식장을 나온 이후로 마음 한구석에서 톱니바퀴 하나가 계속 돌아갔다. 그에게 세상은 어떻게 체험되었을까. 어떤 색, 어떤 톤으로 비춰졌고, 무엇이 가장 견디기 어려웠을까. 그동안은 어떻게 사는 쪽을 택해 왔을까. 머릿속을 맴도는 허망한 의문들은, 정신과 약이 효과 있다던 또 다른 친구들의 얼굴과 겹쳐졌고, 우울증·공황·무기력증의 가파른 증가를 보도하는 뉴스들과 섞였다. 그리고 공허함으로 꽉 막힌 채 천장을 노려보던 어느 날의 내 모습으로 이어졌다.

둘. 이태원 골목에서 159명이 죽었다. 압사였다. 서울의

도심 한복판에서 이렇게나 많은 이들이 갑자기 죽을 수 있다니. SNS는 아비규환 자체였던 그 장면을 눈앞에 들이밀었다. 클럽 음악과 사이렌 소리, 널브러진 시체들과 다급한 심폐소생술, 비난과 가책의 댓글들이 뒤섞였다. 무능하기 짝이 없는 정부의 대응이 이어졌다. 머릿속에는 사람이 사람의 무게에 짓눌린 채 죽어가는 모습이 그려졌다. 그렇게 숨진 영혼들은 얼마나 큰 분노로 얼룩졌을까. 나도 가 본 적 있는 그 골목이다. 거기에 나나 내 친구가 있었다 해도 전혀 이상할 게 없지 않은가.

셋. 터키와 시리아에서 수만 명이 죽었다. 지진이었다. 단 몇 초 만에 수만 채의 건물이 주저앉았다. 마치 전기 차단기를 내리듯, 그 많은 생명이 일순간에 꺼졌다. 아무 예고도 없이, 아무 잘못도 없이, 단지 '지각판의 진동'으로 인해서. 대체이 사태를 어떻게 받아들여야 하는가. 누구에게 호소해야 하는가. 최첨단 기술문명의 시대가 아니던가. 솔직히 나는 대륙의 서쪽 끝에서 일어난 이 비극을 실감하기가 어려웠다. 하지만 그것은 실제로 일어났다. 그리고 동쪽 끝에서 일어나도 무방한 일이었다. 자연의 차단기는 어디에서도 내려갈 수 있으니까.

물론 이 세 죽음은 개별적인 사건이다. 서로 다른 원인을 갖고 있고 각기 다른 분야에 속한다. 자살은 정신의학이나 사회문화 영역에서 접근되어야 할 것이고, 압사는 도시공학이나 재난대응시스템 문제로, 지진은 지질연구 및 불법건축의 분야에서 다뤄져야 할 것이다. 신속한 수습이나 효과적인 해결이 목표라면 특히 그렇다. 하지만 이 별개의 죽음들이 내게 남긴 흔적들은 그렇게 영역화되지 않았다. 그것들은 하나같이 나를 멈칫하게 했고 답 없는 상념들 속에 잠기게 했다. 미결사건 앞에 서기라도 한 듯 의문들이 실타래처럼 엉켰다. 무슨 이유로 죽어야 했을까? 이 죽음들에서 나는 과연 얼마나 멀리 있는가? 어쩌면 우리는 단지 죽음이 비껴갔을 뿐인 '위태로운 삶'이 아닐까? 그렇다면 죽지 않은 사람들은 어떻게 다시 살아가야 할까? 대책을 마련하고 재발 방지에 힘쓰는 것 외에, 우리를 스쳐 간 이 죽음들 앞에서 어떤 윤리 하나를 끌어낼 수 있을까? 잊어버리고 없는 셈 치는 게 아니라면, 이 사건들과 더불어 어떻게 다시 명랑하게 삶을 이어 갈 수 있을까? 죽음은 우리에게 무슨 말을 건네고 있고 어떤 생각을 강요하고 있는가?

『사물의 본성에 관하여』의 결말은 이와 비슷한 물음들을 일으킨다. 여기에도 진한 죽음의 그림자가 서려 있기 때문이다. 총 여섯 권으로 이뤄진 이 시집의 마지막 권에서는 하늘과 땅에서 일어나는 신비스럽고 공포스러운 현상들의 원인이 차례로 설명된다. "왜냐하면, 신들은 걱정 없는 삶을 영위한다고 제대로 배운 사람들도, / 이따금 각각의 일들이 어떤 이치로 일어날 수 있는지 / 궁금히 여길 때면, 특히 머리 위 대기의 해안에서 / 보이는 것들에 대해 그럴 때면, / 다시금 옛 미신으로 되밀려가서 / 잔혹한 주인들을 받아들이니 말이다."(6: 58-63) 즉 원인 모를 자연의 기현상들은 우리에게 신들의 의도나 목적을 상상하게 한다. 그런 신학적 환상에 갇힌 한 우리는 결코 두려움의 굴레를 벗어날 수 없다. 고로, 루크레티우스는 우리를 사상 늘라게 하고 겁먹게 하는 천둥, 벼락, 회오리, 비, 강의 범람, 샘물, 가스 호수, 자석, 전염병 등의 자연적 원리를 하나하나 풀어 나간다. 마지막으로 전염병의 원인과 양상이 짧게 설명된다(50행). 그리고 기원전 430년경 아테네를 덮쳤던 대역병*의 참상이 길고도 자세하게 묘사된다(무려 150행!). 그러다가 갑자기 끝난다. 다른 마무리 멘트도 없다. 그저 한없이 절망적인 장면만이 남겨져 있다.

죽음은 신들의 신성한 성소들을 / 숨 끊어진 시체들로 채웠고, 도처에서 하늘 존재들의 모든 신전들은 송장들로 눌려 있었다. (……) 도시에는 저 장례의 예법도 남아 있지 않았

---

* 기원전 430년, 펠로폰네소스 전쟁의 승리를 앞둔 아테네를 덮친 전염병으로, 당시 아테네 인구의 4분의 1(약 10만 명)이 사망했다. 스파르타군은 멈추지 않는 장례식의 연기를 보고 철수했다.

다. / (……) 사람들은 고함을 질러 대며 자기들 혈족을 / 남의 장작더미 쌓인 위에 올려놓았고, / 또 자주 유혈 낭자하게 싸워 가면서 횃불을 가져다 불붙였으니 말이다, 시체를 버려두기보다는.(6: 1272-1287)

세상의 어느 것도 두려워할 필요가 없다는 가르침치고는 너무 두려워할 만한 마무리 아닌가? 이 비관적 결말을 두고 대부분의 연구자들은 루크레티우스가 갑자기 죽게 되어 작품의 끝손질을 다 하지 못했을 거라고 말한다. 혹자는 루크레티우스가 의도한 결론(끔찍한 재앙 속에서도 평정을 유지할 수 있는지를 묻는 일종의 '최종 시험')이라고도 주장하지만 설득력이 약하다. 마지막 권은 앞의 권들에 비해 구조나 완성도가 조금 떨어지기 때문이다. 또한 베누스와 생의 기쁨을 찬미하는 루크레티우스가 비탄과 절규의 장면으로 시를 맺을 리가 없잖은가. "삶에 어울리는 노래들을 정렬하기"(3: 420)야말로 이 철학-시의 비전이 아니었던가!

팩트가 무엇이든 이 기이한 결말은 생각거리를 남긴다. 루크레티우스는 아테네 대역병의 처참한 상황을 왜 이렇게까지 길고 생생하게 묘사한 걸까? 약 4세기 전 이국땅을 뒤덮은 이 거대한 죽음을 통해 그는 무엇을 말하고 싶었던 걸까? 이 시를 쓰고 있는 루크레티우스가 놓인 시공간은 기원전 1세기의 로마, 승승장구하는 제국의 수도다. 지중해를 연못으로 갖고 있고, 카이사르가 뛰고 있는 세계의 중심이다. 기원전 5세기 초 대역병 직전의 아테네도 그랬다. 지중해를 제패했고, 영웅 페리클레스가 연설하고 있던 최강의 폴리스였다. 그런데 그 순간에 환란이 덮쳤다. 페리클레스 역시 병사했고 위상이 하늘을 찔렀던 "빛나는 이름의 아테네"(6: 1)는 스러졌다. 죽음은, 죽음과 가장 멀어 보이는 때에 가장 섬뜩한 얼굴로 찾아온다. 그럴 때 우리는 허둥대고 비통한에 휩싸이다. "마치 사형 선고를 받은 양 정신에 힘을 잃고 슬픈 가슴으로 쓰러져 있"게 되고 "장례를 기다리며 거기서 의지를 놓아"(6: 1232-1234) 버리게 된다. 세상을 비난하거나 자신을 포기하게 된다. 오직 앞만 보고 달려가는 로마인들에게 루크레티우스는 이 이야기를 전하고 싶었던 것 아닐까? 그 어떤 순간도 영원에 가두지 마시길. 삶에서 죽음을 배제하지 마시길. 전염병의 원인, 죽음의 이유를 단지 아는 것만으로는 불충분하다. 죽음이라는 사건이 진중하게 사유되고 질문되지 않는 한, 그것이 현재 이 자리의 실존적 문제로 체험되고 사려되지 않는 한, 도래할 깊은 고통과 무력감을 이겨 낼 길은 없다.

물론 루크레티우스는 죽음을 앞당겨 걱정하고 대비하라는 말을 하고 있는 게 아니다. 그건 두려움을 유예하는 일일 뿐이며 도리어 가중시킬 수도 있다. 그럴 때 우리는 신을 찾거나 신에 준하는 자본과 헬스케어와 각종 스펙들에 더 매달린다. 루크레티우스가 "죽음은 우리에게 아무것도 아니고 우리와 전혀 관련이 없다"(3: 830)고 말하는 이유는 그런 식의 도피를 지탄하기 위해서이지, 죽음을 생각하지 말라는 뜻이 아니다. 루크레티우스는 누구보다도 죽음의 문제를 철저하게 사유했다.

핵심은 이 사건을 이해하는 관점을 바꿀 수 있느냐다. 죽음을 나의 현재와는 무관한 것으로, 여기 이곳에 있어서는 안 되는 것으로 느끼지 않을 수 있는가? 나아가 그것을 삶에 대립되는 것으로 여기지 않을 수 있는가? 우리는 죽음을 일상에서 최대한 멀리 떨어뜨려 두고자 한다. 죽음은 젊음에서, 도시에서, 문명에서 추방되어 한참 먼 미래나 저 먼 곳에 머물러 있어야 한다. 안보산업과 병원시스템과 보험상품들은 어느 정도 그것을 가능케 하는 것처럼 보인다. 덕분에 우리는 때때로 영원히 살기라도 할 것처럼 먹고 일하고 즐긴다. 하지만 그럼에도 죽음은 닥쳐온다. 도심 골목길로 들이치기도 하고, 수십 개의 도시를 단번에 덮어 버리기도 한다. 또한 창창한 젊은 이들 스스로가 죽음을 찾아가기도 한다. 급작스럽지 않더라도 마지막에는 반드시 온다. "우리는 죽음을 비껴갈 수 없고, 그것을 만나야만 한다."(3: 1079) 이 사실을 직시한다는 것, 죽음을 직면한다는 것은 무엇인가?

청년 시절 부처님은 나들이 도중에 처음으로 죽은 사람의 모습을 보았다. 그리고 충격에 휩싸여 마부에게 물었다. "오직 이 사람만이 죽는 것인가, 천하 사람 또한 그러한 것인가." _{마명 보살, 『시로 쓴 부처님의 생애』, 정왜 옮김, 도서출판 도반, 2019, 65쪽} 길에서 목도한 누군가의 죽음. 부처님은 이 한 번의 마주침을 자기화하여 커다란 존재론적 질문으로까지 확장시켰고, 그 질문을 최대로 밀어붙인 끝에 모든 생명의 생사윤회를 문제화하고 거기서 벗어나는 실을 뽑는 데끼기 나아갔다. 물론 이런 일은 부처님이니까 가능했다고 말할 수 있지만, 우리는 여기서 '죽음을 사건으로 맞이한다는 것'이 무엇인지 생각해 볼 수 있다.

그 첫 단계는 죽음 앞에 자기 자신을 겹쳐 보는 일, 나 또한 이 사건에서 동떨어져 있지 않음을 실감하는 일이다. "다른 이가 늙고 병들고 죽는 것을 보고도 자신을 돌아보아 살펴볼 줄 알지 못한다면 이는 곧 흙이나 나무로 만든 사람이니 마땅히 어찌 마음에 생각인들 있겠는가." _{마명 보살, 앞의 책, 72쪽} 친구의 자살, 이태원의 압사, 터키와 시리아의 지진이라는 세 죽음이 유독 허망했던 것은 거기서 나 자신을 분리시키기가 어려웠기 때문이다. 우리는 곳곳에서 자살, 폭력, 사망사고가 벌어진다는 것을 알고 나름대로 안타까워하기도 한다. 하지만 그것들의 거리감이 확 줄어들어 나의 실존의 문제로 인식되는 일은 드물다. 충격은 이내 다른 바쁜 일들에 묻히고 만다. (아마도 생존과도 관련 있을) 우리의 약한 주의력은 계속해서 거리를 만들고, 상실의 아픔을 값싼 동정심에 그치게 하거나 나와 우리 가족의 안전이라는 편협함으로 제한한다. 숙고에도 기술이 필요하다. 여기가 두번째 단계다. 죽음을 단지 감상적 체험으로 방치하지 않기 위해서는 우리의 인간적이고 관습적인 사고 틀을 넘어갈 수 있어야 한다. 즉 자연의 관점이 필요하다. 부처님에게 그 도구는 상호의존하는 만물의 인과법칙, 즉 연기緣起에 대한 통찰이었다. 그리고 우리에게는 루크레티우스가 전해 준 원자론이라는 귀중한 도구가 있다.

원자들의 자연학에 따르면, 죽음은 삶의 끝이 아니고 삶의 반대도 아니다. 모인 것은 반드시 흩어지며, 사실 이전의 흩어짐들 덕분에 모일 수도 있었다. 흩어짐은 모임이 끝난 순간에 기다리고 있는 사건이 아니다. 모여 있는 와중에도 흩어짐은 계속되고 있다. 둘은 동시에 진행되고 있는 한 운동의 두 양상이다. 이렇게 물살처럼 끊이지 않고 이어지는 응집-이완, 결합-해체의 운동이 엄밀한 의미에서의 삶이자 생명이다. 그렇기에 "삶은 누구에게도 완전히 소유되지 않고, 모든 이에게 그저 대여될 뿐이다."(3: 971) 생명의 이러한 흐름이 지속되는 한 죽음도 지속된다. 여기서 도출되는 첫번째 원리는 죽음은 현재진행형 사건이라는 사실이다. 복합체가 모였기에 흩어져 가듯, 개체는 태어났으므로 늙어 간다. 우리는 살아감과 함께 죽어가고 있다. 죽음은 생의 끝에 기다리는 도착지가 아니라 매일매일 통과하고 있는 여정이다. 하지만 이런 점진적 과정으로서의 해체가 아니라 복합체의 유기적 구조가 단번에 와해되는 사태가 있다. 우리는 그것을 자연사가 아닌 돌연사, 사고사, 병사, 타살, 자살 등으로 부르며 애통해하지만 물체들이 충돌하고 클리나멘이 돌발하는 우주에서 이런 해체는 이상할 게 없다. '정해지지 않은 시간, 정해지지 않은 장소'에서 예기지 못한 만남이 이뤄진다는 사실은 결별 또한 그렇게 일어남을 의미한다. 죽음은 불시의 사건이다. 이것이 두번째 원칙이다. 이는 죽음의 도래가 무작위적이라거나 제멋대로라는 의미가 아니라 우리의 예측이나 바람대로 일어나지 않는다는 뜻이다. 복합체의 해체가 다양한 형태와 경로로 이뤄지듯 죽음도 다양한 방법과 속도로 찾아온다. 이 사실은 다가올 죽음을 그저 숙명처럼 받아들여야 한다는 의미일까? 우리의 목숨은 무력하므로 막 살아도(혹은 막 죽어도) 된다는 말일까?

루크레티우스에게서 가장 중요한 윤리적 초점은 어디까지나 '지고한 기쁨'이다. 나의 행위가 정녕 나 자신을 행복하게 하는가? 원자론의 윤리는 기쁨이라는 시금석 아래서만 정립될 수 있다. 만약 멋대로 사는 것이 생 전반을 쾌락으로 이끌 수 있다면 그렇게 해도 좋다. 하지만 매일의 일상을 방기한 채로 추구하는 즉각적 쾌락은 언제나 더 큰 고통을 불러온다는 사실을 우리는 잘 알고 있다. 이보다 더 심각한 문제는 '막 사는 삶'과 반대로 모든 일상을 아름답고 예쁘고 쾌적한 것들로만 꾹꾹 눌러 담으려는 경우에 발생한다. 우리는 마치 삶에 어떤 아픔도 있어서는 안 된다는 듯 좋은 것만 보고 '꽃길'만 걷기 위해 노력한다. 하지만 그럴수록 우리는 점점 더 위태로워질 뿐이다. 애써서 매달려 온 '삶의 행복'은 불시에 다가온 죽음 앞에서 반전되어 도리어 크디큰 상실감과 절망감을 남기기 때문이다. 그토록 아끼던 재산도, 사랑도, 건강도, 가족도 모두 '다시 못 볼 것'이 되어 극심한 고통만을 선사한다. 죽음이 배제된 삶, 죽음을 외면한 삶은, 좋은 것들을 아무리 채워 넣는다 해도 우리를 지복至福으로 데려가지는 못한다. 루크레티우스의 원자론이 가르치는 죽음의 현행성과 예측 불가능성은 결코 우리를 '삶의 방임'으로도 '삶에의 집착'으로도 이끌지 않는다. 그것은 오히려 우리의 삶이 죽음을 향해서, 죽음과 함께, 죽음 덕분에 이어져 나아가고 있음을 이해하게 함으로써 그 나날들을 조금 더 충만하고 신중하게 일구어 갈 힘을 준다.

루크레티우스는 우리에게 죽음을 두려워할 필요가 없음을 가르치면서, 죽음을 철저하게 사유한다는 것, 그럼으로써 삶에 진중해진다는 것이 무엇인지 보여 준다. 그는 죽음의 공포 아래에는 사후에 영혼이 받게 될 상벌에 대한 두려움이 깔려 있음을 폭로하고, 원자론에 따라 영혼은 육체 없이 남을 수 없음을 드러내 보인다. 그러면서도 왜 '나'의 해체가 소멸이나 끝이 아닌지, 또 이렇게 살아 있기 위해 얼마나 많은 죽음이 필요했는지를 말해 준다. 우리는 죽는다. 그리고 죽어간다. 죽음 위에 자란 것, 죽음을 품고 있는 것이 우리의 생이라면, 지복을 위한 우리의 윤리는 어떻게 그 구석구석을 기쁨으로 물들일 것인지를 함께 고민하고 실험하는 일이다. 어떤 순간에노 베누스를 친미하고, 탄생은 물론 몰락마저도 긍정하는 루크레티우스의 철학은 이처럼 죽음에 대한 엄격한 사유를 전제하고 있다.

죽음. 아직도 나에게는 낯설고 그런 만큼 무서운 이름이다. 하지만 이미 그것이 나의 살아감 속에서 진행 중이고, 불시에 다가올 수 있음을 기억한다면(혹은 기억하기를 훈련한다면) 나의 일상은 어떻게 달라질까? 아침과 밤을 맞는 자세는 어떠할 것이며, 먹고 자고 일을 하는 시간들, 공부, 돈벌이, 친구들과 맺는 관계는 어떻게 달라질 것인가? 당연히 아름답게만 이뤄지지는 않을 테고 전처럼 삐걱거릴 것이 분명하다. 하지만 적어도 몇몇 순간은, 숨을 고르고 내가 누리는 삶을 찬찬히 돌아볼 수 있을 것 같다. 그럼으로써 어느 하나의 관계에 중독적으로 매달리거나 일상을 되는대로 방치하는 일을 줄일 수 있지 않을까? 또한 나를 스쳐 가는 죽음들이 비록 슬프고 아프더라도, 그것을 세상을 원망하고 생을 부정할 이유로 여기지는 않을 수 있을 것이다. 어쩌면 오늘날처럼 삶에 서툰 시대에 우리에게 정말 필요한 것은 죽음에 대한 숙고가 아닐까. 죽음과 더 건강한 관계를 맺는다면, 사는 동안 우리는 자기 자신과 다른 존재들의 생명을 더 소중하게 돌볼 수 있지 않을까?

'나'라는 환상과 시뮬라크라의 세계

고백하자면, 앞에서 나는 '영혼의 병'이나 '치유로서의 철학' 같은 말을 여러 번 썼지만 솔직히 별다른 이해 없이 썼던 것 같다. 마음의 욕심, 분노, 두려움 등은 괴로움을 주므로 병이고, 철학은 그걸 없앨 수 있기에 치유라는 상식적인 비유였다. 그런데 최근의 체험은 아프다는 것은 무엇인지를 내게 다시 질문하게 했다.

간신히 빠져나온 수렁을 되돌아본다. 이번에도 속수무책이었다. 속에는 화가 끓었지만 할 수 있는 것은 없었고, 일은 밀려 있지만 힘도 의욕도 없었다. 심장이 울려서 잠을 잘 수가 없었다. 꽉 막힌 머릿속에는 부정적인 생각들이 고였고, 뭔가를 파괴하고 싶었다. 만만한 건 나 자신뿐이었다. 시멘트처럼 마음을 덮은 부정의 회로는 걷잡을 수가 없었고, 부족할 게 없는 현재도, 오지 않은 미래도, 심지어 즐겁게 잘 살아온 과거도 어두운 빛으로 칠해 버렸다. 무엇보다도 이런 자신이 역겨웠다. 부정이 부정을 불러오는 쇠약한 상태가 며칠간 이어졌다. 이것이 병이 아니라면 무엇이 병이란 말인가? 어떻게 빠져나왔는지는 잘 모르겠지만, 이런 깊은 늪에 떨어져 허우적거릴 때가 있다. 그리고 그때마다 평소에는 나와 무관하다고 생각했던 우울증, 공황, 무기력, 자살 등의 '사회 문제'들에서 그리 멀리 있지 않음을 느낀다.

이 병적 증세를 루크레티우스의 문장을 경유해서 조금 더 자세히 살펴보자. 그의 날카로운 시선은 "생존을 위해 필요가 요구하는 것들이 / 이미 (……) 확실하게 마련되었음"(6: 9-10)에도 결코 만족하지 못하고 원망에 휩싸이는 인간들의 모습을 향한다.

부와 명예와 칭찬으로 넘쳐 권력 있고 / 자식들의 좋은 평판으로 뛰어난 사람들이, / 그럼에도 누구 하나 집에서 조금도 덜 걱정스러운 마음을 갖지 못하고 / 뜻과는 달리 쉼 없이 삶을 혼란시키게, / 사나운 불평으로 역정 내게 되는 것을 보았을 때, / 그는 여기서 깨달았던 것이다, 그릇 자체가 재난을 만들어 낸다는 것을, / 그의 내부에서, 밖에서 모여서

들어온 것은 무엇이든, / 유익한 것까지 포함해서 모든 것이 그 재난으로 망가진다는 것을. / (……) 그래서 어떤 방법으로도 전혀 메워질 수 없다는 것을. / 다른 한편 그가 알아챘기 때문이다, 그것은 무엇이든 안으로 받아들인 / 모든 것을 말하자면 끔찍한 맛으로 덮어 버린다는 것을.(6: 12-23)

신진대사가 꽉 막혀 버린 유기체는 무엇도 소화할 수 없다. 즉 다른 복합체와 상호작용하며 자신의 일부를 바꿀 수가 없다. 그러므로 외부에서 주어지는 자극들은 물론 양분이나 에너지원조차 자신을 파괴하는 유해물질로 해석되고 알레르기를 일으킨다. 이 신체에는 어떤 음식도 어떤 약도 그저 독이다. '그릇(vessel) 자체가 재난을 만들어 내는 상태'는 바로 이런 상태일 것이다. 주변을 오가는 힘들 중 무엇 하나도 담아 낼 수 없는 그릇. 외부와의 소통과 접속이 불가능한 상황. 말 그대로 재난적 상태다. 이 기제는 정신에서도 동일하게 반복될 수 있다. 그럴 때 다가오는 메시지들이 아예 접수되지 않거나 적의를 품은 공격들로만 해석된다. 이미 누리고 있는 혜택들, 대가 없이 받는 증여와 배려, 얽혀 있는 관계들이 보이지 않는다. 심지어 그것들을 빚이나 부담으로 느끼고, 원망을 표하기까지 한다(누가 해달랬나!). 어떤 것도 감사할 줄 모르고, 어느 누구의 마음도 이해할 수 없다. 그는 천국에 있어도 계속해서

지옥만을 겪는다. 신체적-정신적 그릇이 손상되어서 모든 것을 끔찍한 맛으로 덮어 버리고 있음. 아프다는 것은 정확히 이런 상태가 아닐까.

이 병적 상태를 불러오는 요인은 무엇일까? 그릇은 어떤 방식으로 손상된 것일까? 우선 그릇이 막혀 있거나 뒤집혀 있어서 다른 어떤 외부적 힘들도 받을 수 없는 모습을 상상해 볼 수 있다. 그런 유기체는 수많은 접촉과 영향 관계 속에 있음에도 오직 자신의 동일성만을 유지한다. 반응은 경직되어 있고 시선은 협소해서 다른 존재들의 작용을 쳐내고 무시한다. 그렇게 고집스럽게 제자리에 남아 있다. 두번째로 그릇에 구멍이 나거나 금이 가 있어서 받은 것을 스스로 잃어버리는 모습을 생각해 볼 수 있다. 이런 존재는 표준적 상을 상상하며 끊임없이 자신을 불완전한 상태로 의식한다. 그렇기에 다가오는 힘들을 자신의 부족함을 공격하는 부정으로 받아들이고, 결국 자기 자신과 타자를 불만과 적대감에서 바라보게 된다. 이 두 상태를 익숙한 표현으로 바꾸면 각각 자의식과 이상주의라고 할 수 있을 듯하다. '나는 이런이런 사람이다'라는 아상我相과 '이것은/저것은 본래 이러이러해야 한다'는 이상理想. 서로 뒤엉킨 이 두 가지 뿌리가 우월감과 열등감을 재생산하면서 우리의 몸과 마음을 병들게 하고 약하게 만들고 있다.

뿌리를 캐내기 위해서는 뿌리보다 더 아래까지 파고 들

어가야 하는 법. 우리는 우리가 끊임없이 자신과 세상에 덧씌우고 있는 아상과 이상의 형성 메커니즘을 밝혀낼 수 있어야 한다. 사실 이 견고한 두 표상은 현상들 속에서 어떤 한 이미지를 고정시켜 실체화해 놓은 틀이다. 그것은 주로 내가 닮고 싶은 모습이거나 원하는 상태이며, 때로는 벗어나고 싶고 경계하려는 특성이기도 하다. 혹은 단지 '이것은 이러이러하다'라는 판단과 가치평가이기도 하다. 즉 내가 경험한 사물들에 대한 지극히 조야한 해석의 산물들이다. 요컨대 표상은 사물들의 실제적 운동 양상이 아니라, 사물들과 접촉하는 우리 신체의 생리적·감정적 필요에 따라 조직되는 지각의 어느 한 장면을 고정시킨 자의적 규정에 불과하다. 한 마디로 환상이다. 멋대로 직조되고 굳혀진 환상. 모든 문제는, 머릿속을 채운 표상들이 환상이라는 것을 이해하지 못한 채 보이고 들리는 모습들을 외면하거나 못마땅해하는 데에서 출발한다. 아상에 갇혀 세상과 타자를 보지 못하고 이상에 비춰 자기 자신과 남들을 비난하는 병적 증세 또한 이렇게 생겨난다.

그렇다면 환상이 아닌 현실은 어떤 모습일까? 표상보다 선명하고 정확한 진짜 사물들이 자리 잡고 있을까? 루크레티우스는 말한다. 현실 역시 환영이다. 다만 표상과 같은 고체적 환상(즉 환각)이 아니라, 끝없는 흐름으로 일렁이는 유체적 환영이다. 헐! 어떻게 그럴 수 있을까?

우리는 세상이 원자들의 결합과 해체의 운동으로 운행됨을 배웠다. 존재하는 모든 것은 원자들의 복합물이고, 복합물은 원자들의 요동에 의해 마치 물결처럼 끊임없이 배열을 바꾸고 있다. 즉 어떤 사물도 매 찰나 차이 나는 구성을 드러내고 있다. 바위처럼 단단한 물체도 마찬가지다. 이러한 운동의 차원을 고려하는 이상 이전 순간과 다음 순간이 동일한 사물은 존재할 수 없다. 즉 '고체'는 없다. 오직 특정한 비율과 속도와 점성을 가지고 쉬이고 니니는 유체의 흐름들만이 존재할 뿐이다. "모든 것이 끊임없이 흐른다는 사실"(5: 280)만이 진리다. 모든 것은 흐름이고 폭포고 소용돌이다. 그렇다면 우리에게 포착되는 사물들의 일관성, 안정성, 지속성은 어떻게 나타나는 걸까? 여기에 답하기 위해서는 물체들 각각의 부단한 흐름을 구성하는 순간적 단면 혹은 패턴이 사유되어야 하는데, 그것이 바로 사물들의 영상, 즉 '시뮬라크라'(simulacra)다.

> 그것들은 마치 막이나 껍질 같다고 표현되어야 한다. / 왜냐하면 상像은, 우리는 이 상이 어떤 몸으로부터 쏟아져 나와 떠돈다고 / 얘기하는데, 그게 무엇이든 간에, 그 모습과 유사한 모습과 형태를 띠고 있기 때문이다.(4: 51-53)

시뮬라크라는 원자들로 이뤄진 극히 얇은 입체적 막 혹

은 대열이다. 그것들은 모든 사물들의 표면에서 그와 유사한 형태를 유지한 채 쏟아져 나오며 "사방 모든 부분으로 흩어 보내지고, / 그 흐름에 어떤 지체도 휴식도 끼어들지 않는다."(4: 226-227) 사물은 정확히 이렇게 분기되는 시뮬라크라들의 효과로서만 존재한다. '사물은 원자로 이뤄져 있다'는 말과 '사물들이 시뮬라크라로 존재한다'는 말은 조금 층위가 다르다. 마치 한 권의 책이 'ㄱ, ㄴ, ㄷ…' 등의 자음과 모음으로 이루어진다는 설명과 이런저런 의미를 지닌 문장들의 단위로 이루어진다는 설명의 차이와도 같다. 가장 적절한 비유는 아마 동영상을 이루는 적녹청 화소와 그것이 모여 이룬 한 프레임의 차이일 것이다. 원자가 그 자체로는 아무런 효과도 갖지 않는 기본적 요소라면, 시뮬라크라는 그것들이 특정한 방식으로 조직되어 어떤 의미나 음정, 색깔과 형태 등의 정보를 구현하기 시작하는 최소 단위라고 할 수 있다. 그렇기에 우리의 지각 및 인식은 대상과 나 자신의 시뮬라크라들의 접촉에서 구현된다. 표상은 이런 시뮬라크라들의 흐름 중 일부를 고체화하여 계속 반복하고 있는 상태에 지나지 않는다.

하지만 실재라는 것은 쉼 없이 펼쳐지고 있는 시뮬라크라들의 유체적 지속이다. 화음들의 연속적 전개 없이는 음악이 있을 수 없고, 필름들의 연속적 재생 없이는 영화가 있을 수 없듯이, 시뮬라크라들의 흐름 없이 사물은 나타날 수 없다.

사물은 마치 회전하는 휠이나 팽이에 나타나는 문양처럼, 혹은 빠르게 넘어가는 노트에 나타나는 그림들처럼, 시뮬라크라들의 효과로만 존재한다. 즉 사물보다 먼저 존재하며 사물들을 사물로 드러내는 것이 바로 시뮬라크라다. 즉 사물이 아니라 시뮬라크라의 흐름만이 존재한다. 이것이 루크레티우스의 존재론이다. 실재는 환영이고 환영이 실재다. 이로부터 지금까지의 철학에서 견고하게 유지되었던 본질과 환영의 관계가 역전된다. 고발되어야 할 것은 '고체'에 집착하는 환상들, 바로 그것이다.

아상은 허구다. 루크레티우스에 따르면 나는 내가 아는 '나'의 상에 갇히지 않는다. 그렇기에 어떤 이상적 기준에 못 미치는 '나'도 존재할 수 없다. 실제의 나는 흩어져 버리는 말소리, 미세하게 떠올랐다가 사라지는 표정, 짧아졌다가 또 길어지는 호흡, 습관적인 다리 떨기, 오락가락하는 감정들과 상념들의 파동으로 매번 나타났다가 흩어지고 있다. 그런 흐름 속에 어떤 부분을 콕 집어서 나라고 평가하겠지만, 그것은 지극히 주관적이고 편협한 자기 인식일 뿐이다. 이는 별로 꼼꼼하지도 않고 정확하지도 않은 표상이다. 만약 내가 오늘 열 명과 세미나를 했다면, 그들은 각각 나에 대한 기존의 앎이나 관심에 따라 혹은 그날의 컨디션이나 좌석 배치에 따라 나를 다르게 포착하고 기억할 것이다. 그 열 개의 이미지 중에 무엇이 진짜 나라고 할 수 있을까? 아니, 열 개 중 내가 아닌 것이 있다고 할 수 있을까? 부끄러운 모습이건, 추하고 못난 모습이건, 마음에 드는 모습이건, 어처구니없게 왜곡된 모습이건 그 면면들 모두가 나다. 여기서 진짜 나, 본연의 나는 없다. 어떤 것도 하나의 상태로 환원될 수 없으며 매번의 놓임새 속에서 드러나고 있는 면면 전부가 그것이다. 그러므로 '나'는 내가 아닌 모든 존재들의 관계와 더불어 매번 생산되고 있는 시뮬라크라들이다. 이것들 사이에는 어떤 위계도 설정되지 않는다. 부정되어야 할 것은 어느 구석에도 없다.

다시 나 자신을 본다. 내가 나에게 덕지덕지 덧입혀 온 평가들을 본다. 그리고 저 위에 목표나 기준으로 세워 놓은 당위들을 본다. 평가와 당위. 이 두 고집스런 표상들을 견주며 얼마나 스스로를 들볶았던가. 이래야 하는데, 저래야 맞는데, 이것도 못하고, 저것도 안 된다며 얼마나 한숨을 쉬어 댔는가. 나뿐만이 아니라 다른 사람들에게도, 사건이나 사물들에 대해서도 이런 덧입히기와 비교하기를 계속해 오고 있었다. 유체적 존재론을 공부하면서도 그와는 반대로 고체적 표상을 계속 만들어 내고 있었다. 밀려오는 부정의 수렁 앞에서 어쩌지도 못하고 허우적거리며 앓고 말았던 것은 그 때문이다.

하지만 원자론이 말하는 실재의 가르침을 단지 몇 번 읽고 썼다고 해서 질기디질긴 이상과 이상을 단번에 떨쳐내는 일은 일어나지 않는다. 자아라는 것이 그렇게 쉽게 극복될 문제였다면 이토록 많은 철학과 수련이 존재할 필요가 없었을 것이다. 나는 단지 시뮬라크라의 존재론이라는 작은 무기 하나를 손에 쥐었을 뿐이다. 아마 이것은 당장에 극적인 효력을 발휘하지는 못할 것이다. 일이 꼬이고 몸이 지치면 또다시 그릇이 고장 나고 진창에 빠지는 날이 올 것이다. 하지만 저 무기를 꽉 쥐고 있다면, 적어도 앓는 동안 내 머릿속을 꽉 채운 '나'나 '세상'에 내린 굽지 못한 이미지가 진실이 아니라는 것, 흐름으로서의 세계를 내 멋대로 붙들어서 만들어 놓은 허상들 안에서 집착하고 있다는 것은 되새길 수 있지 않을까? 나는 그렇게 버텨 보려 한다. 폭풍은 왔다가 또 지나갈 것이다. 그럴 때면 나와 세상을 미워하기보다, 원자들이 흐르는 이 운동의 세계를 믿고 버티려 한다. 그리고 다시 날이 개면 루크레티우스를 반석 삼아 또 다른 공부를 계속 해나가려 한다. 그렇게 줄로 갈 듯 해나가다 보면, 나의 견고한 아상과 이상도 언젠가 말랑말랑해질지도 모를 일 아닌가. 훗날 똑같이 문제를 마주한다 해도, 지금 겪는 방식과는 또 다르게 겪을 수 있지 않겠는가. 그렇게 한발 한발 나의 건강을 만들어 가고 싶다.

왜 루크레티우스였는가? 앞에서도 적었듯 강한 권유 덕분이었다(ㅅㅅ). 나는 그가 누구인지도 잘 몰랐고 대단한 애정을 품지도 못했었다. 심지어 연재를 마치고 초고가 모였을 때에도 왜 내가 다른 무엇이 아니고 루크레티우스에 대해 썼는지 뾰족한 대답을 갖고 있지 않았다. 여전히 '어쩌다 보니' 정도였다. 그런데도 계속 썼다. 왠지 잘 모르겠지만 써야겠다고 느꼈으며, 쓰는 동안 분명 내 안에 작은 변형들이 일어났다. 물론 머릿속이 하얘져서 헤매는 시간이 대부분이었지만! 또한 포기를 생각하던 순간도 여러 번 있었다. 그럼에도 불구하고 쓰기를 계속하게 한 건 무엇이었을까. 지금 와서 돌아보면, 그것은 한 줌의 간절함이었던 것 같다. 내 안의 형체 없는 두려움을 어떻게든 이해해 볼 수 있을까 하는 바람.

어릴 때는 혼자 있는 게 무서웠다. 밤은 물론이고 대낮에도 주변에 누가 없으면 늘 무서운 꿈들이 떠올랐다. 그래서 심부름을 가거나 기도하러 예배당에 갈 때면 후다닥 뛰어갔다 오곤 했다. 꼭 무언가 쫓아오는 듯한 기분이 들었다. 사춘기에 접어들면서 그런 막연한 공포감은 줄어들었지만 가슴 안쪽에 초조함이 자리 잡았다. 이상하게도 외로웠고, 더 나은 사람이 되어야 한다는, 더 잘 해내야 한다는 목소리가 속에서 웅웅

울렸다. 그 소리를 동력 삼아 스스로를 몰아세우기도 하고 격려하기도 하면서 십대를 통과했다. 이십대가 되어 '어쩌다 보니' 공부를 시작했고, 전만큼 남들의 시선에 휘둘리지는 않게 되었지만, 그래도 형체 없는 불안은 늘 남아 있었다. 편안하게 머무는 게 잘 되지 않는다. 특별한 대상도 계기도 없는 두려움이 마음 한편에 늘 뿌리내려 있음이 보인다. 모습과 강도가 달라지긴 했지만, 그 두려움이라는 감정이 나를 이리저리 이끌어 온 주요한 힘들 중 하나였나.

아버지는 반세기가 넘는 인생 경험을 걸고 형과 나에게 말씀하시곤 했다. 그 누구도 두려워하지 말라고. 그 무엇도 무서워할 필요 없다고. 그게 유일한 당부였다. 나머지는 다 알아서 해라. 자기 자신과 남들만 해치지 않는 선에서 마음대로 살아라. 나는 이 이상하고도 단순한 가정교육에 담긴 값어치와 어려움을 이제야 조금 이해하기 시작한 것 같다. 어떤 두려움도 없는 삶. 그보다 자유롭고 건강한 삶이 있을까? 하지만 그렇게 되기 위해 얼마나 많은 굴곡과 시행착오를 통과해야 할까. 아버지는 당신의 지난한 세월 속에서 거기에 가까워지셨겠지만 아직 내게는 요원하게만 보인다. 그렇지만 꼭 가닿고는 싶다. 나 자신과 세상을 조금 더 넉넉하고 편안한 눈으로 바라보고 싶다. 어떻게 두려움을 털어 낼 수 있을까? 물론 부딪히고 깨지는 여정을 몸소 겪어 가는 것 외에 다른 방도는 없을 테다. 어쨌든 살아 봐야만 배우는 것들이 있으니까. 하지만 그 여정의 험난한 국면마다 체념이 아닌 용기를 낼 수 있는 힘을 기르는 일은 또 다른 문제가 아닐까? 막다른 골목에서 '그래도 다시 한번!'을 외치게 해줄 근기를 기르는 일은, 단지 '긴 세월'만이 아닌 또 다른 수준의 훈련을 요구하는 것처럼 보인다. 나는 그것이 철학이라고 생각한다. 똑같이 미로를 떠돌더라도 지도를 지닌 자의 마음은 쉽게 무뎌지지 않는다. 그는 들이닥치는 일상의 사건들을 다르게 겪어 낼 수 있다. 나에게 철학은 지도 그리기의 훈련이다. 구불거리는 미로를 웃으면서 헤맬 수 있도록, 모퉁이마다 자리 잡은 어두움을 한뼘 한뼘 밝혀 가는 작업이다.

이 점을 고려한다면 루크레티우스는 최고의 철학자 중 한 명이라고 할 수 있다. 그는 끊임없이 두려움으로부터의 해방을 말하고 있다. 두려움 때문에 벌어지는 만행들, 두려움을 낳는 무지와 착각들, 조금도 무서워할 필요가 없는 자연적 원리들이 낱낱이 파헤쳐진다. 신, 기원, 멸망, 죽음, 영혼, 인식, 기상현상, 자연재해 등이 원자들의 자연학에 입각해 자세히 해명되는 것은 그 때문이다. 그를 따라가는 한, 우리는 일상 구석구석에 자신이 품고 있는 두려움과 맞서지 않을 수가 없다. 그런 점에서 『사물의 본성에 관하여』는 처음부터 끝까지 스스로 강해지라는 명령으로 가득하다. 병법서로서의 자연학 시집. 혹은 의학서로서의 철학 시집. 나는 이 책을 그렇게 읽었다. 그리고 얼마쯤은 시작한 자리에서보다는 두려움의 구름이 조금 개었음을 느낀다. 단지 느낌일 수도 있지만, 나로서는 소중한 느낌이다.

솔직히 나는 루크레티우스의 가르침들을 가슴 깊이 소화하지는 못한 것 같다. 또한 내가 적은 글들을 얼마나 감당할 수 있을지도 모르겠다. 어쩌면 이 설익은 생각들을 일상에 착 붙이는 데에만 또다시 몇 해가 걸릴지도 모른다 하지만 그것도 그런대로 좋겠다는 마음도 든다. 부실하다 해도 주춧돌은 놓았으니까. 루크레티우스와 글, 글과 나 사이의 여백은 앞으로 두고두고 채워 가야 할 숙제다. 좌충우돌 공부를 이어 가면서, 소란소란 일상을 살아가면서, 삐걱삐걱 아픔을 겪어 가면서, 아마도 나는 여러 번 다시 돌아오게 될 것 같다. 여러 번 이 병법서/의학서를 다시 펼쳐 들 것 같다. 부디 그때는 지금과는 또 다른 문제들과 싸우고 있기를. 또 다른 건강 상태를 지나고 있기를. 조금 더 넉넉한 얼굴을 하고 있기를. 설령 그렇지 않다 해도 루크레티우스는 반갑게 맞아 주겠지? 앞으로의 공부 여정에서 새로 길어 낸 질문들을 풀어놓고 다시 그와 도란도란 이야기꽃 피울 날을 그려 본다. 다소 서툴게 놓였던 이 주춧돌들은 그때마다 조금씩 단단해지지 않을까?

참고한 책들

『소크라테스 이전 철학자들의 단편 선집』, 김재홍·김주일·주은영·양호영·강철웅·김인곤·이기백·이정호 옮김, 아카넷, 2005.

『이띠붓따까—여시어경』, 전재성 옮김, 한국빠알리성전협회, 2012.

디트마르 피이퍼·요하네스 잘트베델, 『만들어진 제국, 로마』, 이은미 옮김, 21세기북스, 2018.

마르쿠스 툴리우스 키케로, 『신들의 본성에 관하여』, 강대진 옮김, 그린비, 2019.

———, 『아카데미아 학파』 1권 5, 양호영 옮김, 아카넷, 2021.

———, 『키케로의 최고선악론』, 김창성 옮김, 서광사, 1999.

마명 보살, 『시로 쓴 부처님의 생애』, 정왜 엮음, 도서출판 도반, 2019.

미셸 에켐 드 몽테뉴, 『몽테뉴 수상록』, 손우성 옮김, 동서문화사, 2007.

미셸 푸코, 『주체의 해석학』, 심세광 옮김, 동문선, 2007.

배은숙, 『로마 전차 경기장에서의 하루』, 글항아리, 2021.

베네딕트 데 스피노자, 『에티카』, 황태연 옮김, 도서출판 피앤비, 2011.

스티븐 그린블랫, 『1417년, 근대의 탄생』, 이혜원 옮김, 까치, 2013.

스티븐 호킹, 『그림으로 보는 시간의 역사』, 김동광 옮김, 까치, 2021.

에피쿠로스, 『에피쿠로스 쾌락』, 박문재 옮김, 현대지성, 2022.

———, 『쾌락』, 오유석 옮김, 문학과지성사, 1998.

장 살렘, 『고대 원자론』, 양창렬 옮김, 난장, 2009.

조르다노 브루노, 『무한자와 우주와 세계 외』, 강영계 옮김, 한길사, 2000.

질 들뢰즈, 『들뢰즈가 만든 철학사』, 박정태 옮김, 이학사, 2007.

프리드리히 니체, 『아침놀』, 이동용 옮김, 세창, 2022.

───, 『우상의 황혼』, 박찬국 옮김, 아카넷, 2015.

플라톤, 『향연』, 강철웅 옮김, 이제이북스, 2014.

플루타르코스, 『플루타르코스 영웅전』, 천병희 옮김, 도서출판 숲, 2010.

Michel Serres, trans. Jack Hawkes, *The Birth of Physics* (1977), Clinamen Press, 2000.